:: 内定獲得のメソッド

面接

自己PR 志望動機

　皆さん、はじめまして。私（才木弓加）は、これまで 10 年以上にわたって、学生の就職活動を支援してきました。私が就活生とお会いするのは就職塾や大学のキャリアセンター主催の講演や講義、『マイナビ』などの就職サイトを通じてですが、とくに面接において、自分のことや自分の考えをきちんと伝えられない学生があまりに多いことを痛感しています。

　面接とは、あなたがどういう人間で、どういう考え方をしていて、どんな良さを持っているかをアピールする場です。そしてそれをもとに、企業側はあなたが自分たちと一緒に働く仲間としてふさわしいかどうかを判断します。あなたの良さが伝わらなければ、あなたがいくらトップクラスの成績を収めていても、特殊な経験があっても、難しい資格を取得していたとしても、何にもなりません。

　この本では、面接で自分の "本当の良さ" を相手に伝える方法を、さまざまな角度から説明していきます。言い換えれば、自分の "本当の良さ" を相手に伝えるためには、十分な事前準備が必要だということです。そのためには、あなたが持っている長所や価値観をはじめ、その企業で働きたい理由、将来何がしたいのかなどを具体的にしっかりと掘り下げて考えなければいけません。これさえしっかりとできていれば、面接で自分を理解してもらうのはそれほど難しいことではありません。

　大学新卒の肩書きで就活に挑むチャンスは、人生で 1 度しかありません。その機会を利用するもしないも、あなた次第。魅力を感じ、「入りたい」と願った企業には積極的にチャレンジしてみてください。事前準備を怠ったり、「受けてみればよかった……」と悔やんだりしても、後の祭りです。

　あなたの就職活動の成功を、心からお祈りしています。

才木弓加

CHAPTER 1

面接の基本を知ろう ⑨

CHAPTER4

これで完璧! **面接直前の準備** 111

CHAPTER6

面接の現場を再現! マイナビ模擬面接 (157)

面接の基本を知ろう

CHAPTER1では、「面接の基本」について解説します。
採用面接とは、いったいどのような場なのか。
面接にはどのような種類があるのか。
面接に臨む際の、基本的な注意点とは何か。
ここでしっかり押さえておいてください。

就活生への アドバイス | きちんと準備すれば 良い結果が必ず出る

面接に関するアドバイスに入る前に、就活全体を通しての心構えを、少し
だけ説明しておきましょう。

ポイント

・景気が悪くても、きちんと準備をすれば、必ず内定は取れる

・インターネットだけに頼らず、足を使って情報収集をする

・オンライン面接に備えておく

◆採用・不採用に景気の良しあしは関係ない

　これから就活をする皆さんに最初にお伝えしたいのは、就活は、きちん
と準備をすれば、景気にかかわらず、必ず良い結果が出るということです。

　新卒採用を増やす予定の企業もあれば、減らす予定の企業もありますし、
経済政策などの影響もあって、景気はつねに変動しています。そして、必
ずしも景気の良い年に自分が就職活動を行なうとは限りません。

　ただし、むやみやたらと心配する必要はありません。**事前準備さえしっ
かりとすれば、必ず結果は伴います。**私が主宰する就職塾『才木塾』の生
徒の内定率は、景気が良かろうと悪かろうと変わりません。それは、きち
んと準備をしてから、面接に臨んでいるからです。

「私ってどこにでもいる普通の学生。人に誇れるようなことなんてない」
という人でも大丈夫。しっかりと自己分析に取り組めば、自分の長所に気
づき、自信を持って面接に臨むことができます。

　また、インターネットで企業の採用サイトをさらっと見て、企業研究を
終えた気分になる人がとても多いのですが、それは大きな間違いです。企
業のホームページは広告に過ぎません。それだけを見て、企業のことを分

かったつもりになるのは、とても危険なことです。

　会社説明会やOB訪問などで志望する企業の社員と直接話したり、実際に企業に足を運んだり、自分の足を使って情報収集をすれば、自分に合った企業が見つかり、面接でも説得力のある志望動機を話すことができるようになります。**自分の時間と足を使って行なえば、企業研究は必ず良い結果につながります。**最後の最後に必要なのは、自分の目で見たものや耳で聞いたこと、肌で感じた感覚です。それらの感覚が、自分に合った企業を見つけられるかどうかを大きく左右します。まずは本書を参考に、事前準備をきっちり進めてください。

◆近年、急増中のオンライン面接も事前準備が大切！

　オンライン面接とは、オンライン上で行なわれる面接のことです。通常、Zoom、Whereby、Skype、その他のWEB会議アプリケーション等を使って実施されます。もともとは、10年以上前から導入されてきた、面接形態の1つですが、2020年2月以降、オンライン面接を導入する企業が、急激に増えています。**就活生にとってオンライン面接対策は、今や避けては通れない道といえるでしょう。**

　多くの企業でオンライン面接が実施されていますが、1次面接や2次面接で行なわれるのが一般的です。役員面接や最終面接については、対面で行なう企業もあれば、オンラインで行なう企業もあります。そのため、就活生は、通常の対面面接の対策に加えて、オンライン面接の対策を立てることが求められます。

　オンライン面接は画面越しの対話になるので、**学生と面接担当者、双方が受け取る情報量が対面面接よりも少なくなる傾向があります。**その結果、表情や声の抑揚などが伝わりにくく、面接担当者にとっては応募者の個性や人柄が把握しにくいというデメリットがあります。そのため質問内容は、対面面接よりも深くなります。一般的な「志望動機」「学生時代に力を入れたこと」「自己PR」以外にも「学業」についての質問が増えるなど、あなたの個性を把握するための幅広い質問をされます。どんな質問をされてもブレない回答ができるように、自己分析を徹底的に深めておくことが大切です。

面接までの 流れ	# 面接に至るまでの プロセスを知る

志望企業の面接を受けるためには、エントリーシートの提出などさまざまなプロセスを踏む必要があります。ここでざっとおさらいしましょう。

内定までのプロセス

1	2	3	4	5	6
就職情報サイトへの登録	エントリー	会社説明会	エントリーシートの提出	面接	最終面接
・現代の就活では必須 ・新卒採用情報を入手し、エントリーできる	・説明会の情報などが手に入るようになる ・「興味がある」という意思表明になる	・選考の第一段階になっていることも ・企業に直に接することのできるチャンス	・ここで落ちると、面接は受けられない ・このシートによって書類選考が行なわれる	・集団面接やグループディスカッションなど ・おおむね3〜4回の面接が行なわれる	・クリアすれば、晴れて内定獲得 ・社長や役員が担当する個人面接を受ける

◆会社説明会は選考の第1段階

　志望企業の採用面接を受けるまでにも、いくつかのプロセスを踏む必要があります。

　まずは「就職情報サイトへの登録」です。現在は、多くの企業が、就職情報サイトにエントリー用の窓口を設けていて、窓口をインターネット経由だけに絞っている企業も珍しくありません。必ず登録しましょう。

　就職情報サイトは、『マイナビ』を始め、大手就職情報企業が提供しているものがいくつかありますが、1つに絞った方がスケジュールなどの管

理をしやすいでしょう。

　就職情報サイトで気になる企業を見つけたら、「エントリー」します。
エントリーとは、「その企業に興味がある」という意思表示をすること。
エントリーをすると、たいてい、資料を送付してくれたり、メールで説明
会の日程を知らせてくれたりします。その企業の採用選考のスタートライ
ンに立つことができるわけです。逆に言うと、エントリーしたからといっ
て、絶対にその企業を受けなければならないわけではありません。少しで
も関心があったら、積極的にエントリーしましょう。学生1人がエントリ
ーする企業の平均数は、70社程度であると言われています。

　次に、志望企業のことを知るために、「会社説明会」に足を運びましょう。
人事担当者だけでなく、若手の社員の人が仕事内容や職場の説明をしてく
れるので、リアルな情報が得られます。1つ注意したいのは、会社説明会
での身だしなみや質問内容が選考の対象になる場合があること。企業によ
っては、説明会後に適性検査や筆記試験、面接を行なうケースもあります。
「会社説明会は選考の第1段階」だと思っておいた方がいいでしょう。

◆エントリーシートは「書面で受ける面接」

　志望する企業が定まったら、「エントリーシートの提出」をします。
これは「書面で受ける面接」のようなもので、インターネットで応募して
くるたくさんの学生を絞り込むために、筆記試験や面接の前に行なわれま
す。多くの場合、企業が専用のエントリーシートを用意しています。ここ
で選考に漏れると面接まで進めません。気合いを入れて作成しましょう。

　どの企業のエントリーシートでも必ず聞かれる項目で、特に重要なのは、
「自己PR」と「志望動機」です。「私はどういった性格で」「その企業でど
んなことをしてみたいのか」などを、具体的に書きます。また、エントリ
ーシートでは、すべての質問で、「この学生はどんな特徴や良さがあって、
将来は何がしたいのか」が問われていると考え、それに答えるように記入
していきます。具体的にはのちのちご説明していきます。

　エントリーシートは特に、自己分析が進んでいないと記入できません。
就活本番を迎える前には、少なくとも本書の第2章を読んで、自己分析に
ついて理解を深めておいてください。

面接の種類	# 3種類の面接について 対策を立てよう

通常、面接は1次から最終まで3〜4回あります。面接には、おもに、個人面接、集団面接、グループディスカッション (GD) の3つがあります。

面接の種類

[集団面接]
学生3〜5人に対し面接担当者が2〜3人で行なう。主に1次面接

[個人面接]
学生1人に対して面接担当者が1〜3人で行なう。最終面接など

[グループディスカッション]
5〜8人で1つのテーマについて討論。その様子を見て選考

◆1次面接は、集団面接から始まる

エントリーシートによる選考に通過すると、いよいよ面接に入ります。

多くの企業は、1次面接から最終面接まで3〜4回の面接を行ないます。面接の相手も人事担当者や若手社員から始まり、課長クラス、部長クラスと上がっていき、最終面接は役員クラスが担当する場合が多いようです。

また、選考の初期段階である1次面接では集団面接が行なわれ、ステップが進むにつれて個人面接になっていくというケースがほとんどです。

一般的に、個人面接は学生1人に対して面接担当者が1〜3人。集団面接は学生3〜5人に対して面接担当者が2〜3人で行なわれます。

個人面接でも、集団面接でも、質問内容にそれほどの違いはありません。「自己PR」「学生時代のこと」「志望動機」「キャリアビジョン」などが主なところです。ただし、面接が進めば進むほど、より深く掘り下げた質問がなされるようになります。

◆グループディスカッションやディベートがある企業も

　最近では、面接に「グループディスカッション」を採用する企業がとても増えています。選考の初期段階である１次面接で、集団面接と同じくらい登場するといっても過言ではないでしょう。

　グループディスカッションとは、学生を５〜８人程度のグループにし、テーマを与えて討論をさせる選考方法です。その狙いは、ディスカッションでの様子から、複数の人間を相手にどれだけのコミュニケーション能力を発揮できるかをチェックすること。企業はチームで仕事をする場所ですから、集団に適性があるかどうかが見られることになります。

　グループディスカッションには、主に３つの方式があります。

1．自由討論方式

　その名の通りテーマに対して自由にディスカッションする方式。設定されるテーマは、「多くの人から愛される企業とは」「ニートを減らすためには」「良い人生とは」など正解のないものが多く見受けられます。

2．インバスケット方式

　与えられた複数の選択肢の中から１つを選んだり、順位付けをしたりする方式。例えば、「外出先から戻ると、次の４本の電話があった。どのような順番で処理すべきか。Ａ．お客さまからのクレームの電話、Ｂ．社長から「相談がある」との電話、Ｃ．部下から「今日は休む」との電話、Ｄ．消防署からの呼び出し電話」といったテーマが出題されます。

3．ケーススタディ方式

　ある状況やルールが設定されており、その状況やルールの中でベストだと思われる方策を、メンバーで練っていくグループディスカッションです。「化粧品を開発した。1000万円を使ってどう広告宣伝するか」など業界に関連するテーマが設定されることが多いようです。

　そのほかにも、少人数のグループに、店舗経営のシミュレーションなどの課題を与えて、共同で作業させる「グループワーク」や、学生を２チームに分け、それぞれに立場を設定して討論させる「ディベート」を、面接に採用している企業もあります。志望企業が決まったら、どんな面接を行なっているか、早めにチェックして、対策を練ることが大切です。

面接とは「私は○○な人間です!」とアピールする場

面接の目的①

面接とはどんな目的の場なのかを理解していないと、見当外れの返答をしてしまうことがあります。改めて面接の目的を確認しましょう。

ポイント

- 面接は「どんな人間か」を確認する場
- すべて「私は○○な人間」と伝わるように答える
- 面接の出口はたった１つしかない

◆聞かれた通りに答える場ではない

前のページで、面接の種類について説明しましたが、どんな形の面接にも共通して言えることがあります。それは、

面接とは、面接担当者が

・その学生は、いったいどんな人間なのか

・その学生を採用したとき、どのように活躍してくれるのか

を確認する場だということです。

書類選考や筆記試験では分からない「人柄」や「性格」なども含めて、面接ではあなたの人物像全体を見られます。

それを踏まえると、面接であなたが何をすべきかが見えてくるはずです。例えば、面接担当者から質問されたとき、単純に額面通りの答えを返すだけでなく、質問に対する回答内容はもちろん、話し方、表情、声の大きさやトーンなども通して、「自分がどんな特徴や良さを持った人間であるか」を伝えるようにしましょう。あらゆる質問に対して、「私は○○な人間です」ということが、伝わるように答えるのです。

「額面どおりに聞かれたことをただ答えればいい」と考えている人と、い

つでも「私は○○な人間だということを伝えよう」と意識している人では、面接の受け答えが格段に変わってきます。例えば、こんなやりとり。

面接担当者「Aさん、あなたの趣味は何ですか？」
学生「　はい。私の趣味はスポーツ観戦です」

　これは、額面どおりにしか答えられていない典型で、「私は○○な人間です」とは伝えられていません。では、次の答え方はどうでしょうか？

学生「はい。私の趣味はスポーツ観戦です。私自身も中学から9年間サッカーに打ち込んできて、苦しい日々を乗り越えてこそ、達成感や感動を味わえるものだと知っているので、スポーツを見るのが好きなのです」

　このぐらいの内容であれば、受け答えから人間性が見えてきます。
「最近、気になるニュースは何ですか？」という質問でも同じことです。多くの学生はこれを聞かれると、ニュースの見出しとその内容だけを面接担当者に説明します。それでは、あなたの人となりは、面接担当者には伝わりません。面接担当者は、そのニュースの概要を知りたいわけではなく、あなたがそのニュースについて、どう考えているのか、何を感じているのかを知りたいわけです。「なぜ、そのニュースが気になるのか」「自分はどんな考えで、そのニュースをとらえたのか」。そこまで話して初めて、「私は○○な人間です」を伝えていることになるのです。

◆面接の出口はたった1つ

　私が学生によく言う言葉があります。それは、「面接の出口はたった1つ」という言葉です。

　面接にはたくさんの入口があります。入口とは、面接担当者の質問のことです。面接担当者の質問には「学生時代に打ち込んだことは？」や「当社を志望するのはなぜですか？」などのオーソドックスな質問から、「あなたを動物に例えると何ですか」「当社の改善点を言ってください」といった変化球的な質問まで、その種類は何千通りもあります。

　しかし、その何千個もある入口に対して、1つひとつ対応策を考える必要などありません。たとえ入口が何千個あっても、出口は1つ。それは「あなたがどんな人間かを伝える」ということです。面接でどんな質問をされても、それを伝えることができれば成功です。

面接の目的② 特徴や良さを伝えるためにはしっかりとした自己分析が必要

企業の面接担当者に、自分の特徴や良さを伝えるためには、どうすればいいのでしょうか。必ず押さえておきたいポイントを説明しましょう。

- 自分の特徴や良さを語るときは、具体的な裏付けが必要
- 具体的に話すためには、自己分析が欠かせない
- 企業の求める人材像に自分を合わせる必要はない

◆自己分析をすることで、自分でも知らなかった「自分」が分かる

「自分がどんな特徴や良さを持った人間であるか」を伝えるためには、なるべく具体的に話すことが重要です。

よく、面接で「私は好奇心旺盛です」とか「積極的な性格です」などと、抽象的な言葉だけでまとめようとする人がいますが、それでは何も伝わりません。何の裏付けもなく、ただ「好奇心旺盛です」と言い張られても、面接担当者は納得ができないのです。なぜ好奇心旺盛だと言えるのか、その理由を具体的に語ってほしいと面接担当者は思っています。

では、具体的に答えるためにはどうすればいいでしょうか。

何よりも必要なのが、綿密な自己分析。つまり、自分自身のことを深く理解することが大切です。

自分のことは、分かっているようで意外と分かっていません。過去にさかのぼって、自分がどんな人間かを振り返ることで、自分の人となりが見えてきます。自己分析の詳しい方法については、CHAPTER3で詳しく解説します。

◆企業の求める人物像に無理やり自分を合わせない

　面接を受けるにあたって、よく「企業の求める人物像」に自分を合わせようとする人がいます。しかし、それは大きな間違いです。
「入社したい」、「なんとか内定が欲しい」と思うからこそ、企業が掲げる「求める人物像」に無理やり自分を当てはめたくなるという学生の気持ちはよく分かります。しかし、その瞬間から自分を偽ることになり、すべてのことにつじつまを合わせなければならなくなります。当然ながらそれは難しいことだし、巧妙に合わせたつもりでも、面接担当者は、必ずやあなたのウソを見破ることでしょう。

　企業とは、さまざまなタイプの人で構成されている組織です。必ずしも、「企業の求める人物像」と一致しなければ採用されないということはありません。それに、会社案内やホームページにある「当社の求める人物像」とは、その企業の社員として必要とされる土台の要素、つまり非常にベーシックなことについて書かれている場合がほとんどです。そのベーシックなことについて、「こうじゃなきゃ採用されないんだ！」と思い込むのは学生側の勝手な判断です。勝手な判断による、勝手につくり上げた人物像に対して、「それでなければ採用されない」と思い込むのは、とても危険なことです。

　面接で求められているのは、「あなたがどのような人間か」ということを具体的に語ること。そして、こういう人間だからこそ「どのように考えて、その企業を志望したのか」を説明することです。合うか合わないかは、担当者の判断に委ねるしかありません。

　相手に合わせるのではなく、面接では自分の意思を表現することを心がけましょう。

19

CHAPTER1-6

評価ポイント｜面接の20分で、あなたは6つの面から評価される！

面接担当者は学生のどんなところを見て、合否を判断しているのでしょうか。大きく分けると、面接で評価されるポイントは6つあります。

面接で評価されるポイント

❶ 第一印象
❷ コミュニケーション能力
❸ 特徴・良さ
❹ 一緒に働くイメージがわくか
❺ 熱意・意欲
❻ 論理的思考ができるか

◆面接での評価ポイントは6つある

　面接担当者は、学生を面接するとき、何をもって判断しているのでしょうか。まとめると、次の6つのポイントで評価しています。

1．第一印象

　面接において第一印象はとても大切です。皆さんも、初対面の人と会ったとき、パッと見た瞬間に「この人は好感が持てるな」とか、逆に「この人は何だか苦手だな」などと感じたことがあると思います。面接担当者も学生に対し、そうした第一印象を感じながら面接をしています。

　第一印象は目から入ってくる情報によって決まります。服装、態度、姿勢、視線、表情。これらについて、意識することが大切です。

2．コミュニケーション能力

　面接は学生と面接担当者が直接会って行なわれる選考です。言い換えれば、面接は学生と面接担当者のコミュニケーションの場であるということ。

　よく、「私、コミュニケーション能力があるかどうか心配なんです……」と、相談に来る学生がいますが、何も恐れることはありません。普段から、他人と会話のキャッチボールができるのであれば、それで問題ありません。

20

3．その人の特徴・良さ

　就活中、すべての選考において皆さんは自分の「特徴や良さ」を分かってもらえるように努力しなければなりません。面接では最大限の力を出して、これを面接担当者に理解してもらうよう努めましょう。繰り返しになりますが、**自分の「特徴や良さ」を知るためには、自己分析を徹底することが大切です。**

4．一緒に働くイメージがわくか

　面接担当者はその学生について、「当社で働くイメージがわくかな？」と考えています。

　判断材料はさまざまです。これまでに打ち込んできたことへの取り組み方や達成度合い、あるいは取り組んだ過程で考えたこと。また、将来何がしたいのか、どんなことに興味があるのか。

　もちろん、その学生が醸し出す雰囲気も重要な判断基準です。例えば、アパレルの企業の面接なのに、スーツ選びに気を遣っている様子がなければ、その企業に、そしてその業界に本当に興味を持っているかどうか、ひいてはその企業でゆくゆくは活躍していけるかどうかに関して、プラスのイメージはわきにくくなります。

5．熱意・意欲

　企業に対する熱意や意欲もかなり見られます。「その企業に入りたい」「その企業の社員として頑張りたい」という熱意は、**企業に入ってからも大きなエネルギーになるので、重要な評価ポイントとなるのです。**また、志望動機は、企業研究などの準備が欠かせないので、準備に手を抜くと、「うちの会社に対する熱意が低いのだな」と面接担当者に見破られます。

6．論理的思考

　論理的思考というと、難しく感じられるかもしれませんが、**要は選考中に発揮されるさまざまな「処理能力」を見られているということです。**

　言い換えれば、面接担当者の質問の意図を的確に理解して、自分の伝えたい内容を分かりやすく話せるかどうか。グループディスカッションなどで、場の状況を読んで自分の意見を分かりやすく話せるかどうか。そうした場面から、論理的に考え、処理することができる人かどうかを見られているのです。

集団面接ではペースを乱されないことが一番大切

集団面接の注意点

ほとんどの企業が1次面接で行なう「集団面接」。集団面接ならではのポイントを押さえておきましょう。

ポイント

- ・ほかの学生と同じ意見を言っても構わない
- ・ただし、自分自身を表現する部分は変える
- ・ほかの学生の回答や意見もしっかり聞こう

◆アルバイトの話がかぶったら？

　多くの企業は、新卒採用の1次面接で、集団面接を行ないます。学生3～5人に対し、面接担当者が2～3人で行なうタイプの面接です。

　自分1人で大勢の面接担当者と対する個人面接と比べれば、緊張は軽くて済みそうに思えますが、実際には「個人面接だったらうまくできるのに、集団面接は苦手だ」という学生は少なくありません。

　その理由の1つは、「ほかの学生に自分のペースを乱されてしまう」ということでしょう。

　例えば、集団面接でよくあるのが、自分の考えていた意見と同じような内容をほかの学生に先に言われてしまうこと。その場合、「同じことを言ったら、何も考えていないように思われる」と感じ、ほかのことを言おうとする人は多いようです。

　しかし、言いたいことを先に言われてしまったとしても、気にする必要はありません。自分の意見は自分の意見なのですから、堂々と話せば問題ないのです。

　無理にほかの人と違うことを言おうとするあまり、その場で取り繕った

答えを返すと、次に面接担当者に突っ込んだ質問をされたときに答えに窮してしまいます。

「自己PRで、アルバイトの話をしようと思ったら、隣の学生に言われてしまった」などと話の内容がかぶったときも、同様に、話すことを変える必要はありません。なぜ、そのアルバイトを続けたのか、そのアルバイトをして感じたことはどんなことだったのか。たとえ全く同じ店でアルバイトをしていたとしても、自分自身の良さや特徴を表現する部分は人それぞれ違うはずです。

　自己分析が進んでおらず、その「自分自身を表現する部分」について考えが及んでいないと、隣の人と同じ話では全く差がつかないかもしれませんが、自己分析が進んでいれば、表面上は同じアルバイトの話でも、内容は違ったものになるはずです。

◆話すだけではなく「聞く」ことも重要

　もっとも、ほかの学生について、全く気にする必要がないというわけではありません。集団面接では、「周りの学生の回答や意見をしっかりと聞くことができるかどうか」も評価のポイントになるからです。

　隣の人が話しているときに、「自分は何を話そうかな」と一生懸命考えていて、ふと面接担当者から「隣の○○さんはそれについてどのように考えていますか？」と聞かれることがあります。このとき、何も答えられないと、心証が悪くなります。「周りの空気が読めず、自己中心的にしか行動できない人」だとみなされてしまうのです。

　面接担当者から学生を見ていると、その学生が、隣の人の話を聞いているのかそれとも自分の答えについて考えているのかがよく分かります。集団面接では、このことにも十分注意してください。

個人面接の注意点 | 個人面接は深く掘り下げた質問に備える

自分1人で複数の面接担当者と対面する個人面接は、持ち時間が長く、さまざまなことを聞かれます。集団面接よりもさらに周到な準備が必要です。

ポイント

- 突っ込んで聞かれるので、事前に自己PRや志望動機を深めておく
- エントリーシートの内容と話す内容が変わってもOK
- 最終面接も気を抜いてはいけない

◆浅い受け答えでは通用しない

　1次、2次と面接が進んでいくと、個人面接が行なわれることが多いです。自分1人で、数人の面接担当者と質疑応答をします。

　複数の視線が集中しますし、面接担当者の役職も上がるので、緊張感は増すでしょう。ですが、面接で多少言葉に詰まっても、それはマイナスにはなりません。これは集団面接でも同じこと。一瞬、頭が真っ白になってしまったのなら「すみません。緊張してしまいました」と断って、また1から話し直せばいいのです。

　それよりも重要なのは、答える内容です。

　集団面接は1人の持ち時間が数分程度と短く、端的に話さなければいけないのに対し、個人面接は20～30分はあるため、1つひとつの受け答えについて、さらに深く突っ込まれる傾向があります。

　ですから、面接担当者は「なぜ、それをしたのですか？」「そのとき、どんなことを考えましたか？」など、あなたの"やったこと"に対して深く掘り下げる質問をしてきます。そうすることで、より深く「この人はどういう人間なのか？」を理解しようとしているのです。このようなとき、

しっかりとした答えを返せないと、自己分析がまだまだ「浅い」とみなされてしまいます。

　なお、オンライン面接の場合、面接の回数が増えたり、1回あたりの面接の時間が長くなったりする傾向があります。なぜなら、オンライン面接は対面面接と違い、面接担当者に伝わる情報が限られるからです。そのため面接担当者は、あなたのことをよく知るために、いくつもの質問をする、または1つの質問に対して深掘りをする傾向があります。

　複数の質問や深掘りをされた際、自分で自分のことが理解できていないと、回答に矛盾が生じます。面接担当者の質問に対して思いつきで答えていると一貫性のない回答になり、面接担当者は、あなたがどのような人間なのか、どんな良さや特徴があるのかわからなくなります。対面面接以上に自己分析が重要になってくるので疎かにせず徹底的に取り組んで自分の良さや特徴を理解してください。

　自己PRや志望動機を深く考え直すと、エントリーシートに書いた内容と、今考えている内容が変わることもあり得ますが、それは問題ありません。むしろ、それは自分が進化している証拠だととらえましょう。

　大切なのは、面接担当者に「どうして、そのように変わったのか」をきちんと説明できること。エントリーシートにはこう書いたが、その後自己分析をどのように進めてきて、その結果、今はこのように考えている、と順序立てて話すことができれば問題ありません。

◆シビアな最終面接が待ち構えていることも

　複数の面接をくぐり抜けると、いよいよ最終面接です。社長や役員が面接を担当します。

　かつて、最終面接は入社の意思確認をする場であり、ここまでくればほぼ確実に内定が取れる時代もありました。しかしいまはそうではありません。中には、最終面接にディベートが用意されていたり、かなり突っ込んだ質問をされたりする場合もあります。

　「より間違いのない人材を採用したい」という企業の意思が最終面接にも表れているのです。いくつものハードルをクリアした後だからといって、気を抜かず、きちんと準備をして臨んでください。

GDの注意点 | 自分の役割を理解して、協調性の高さをアピールする!

近年、1次面接で行なわれることが増えているグループディスカッション。上手に進められて、高い評価が得られる鉄則を解説します。

 ポイント

[グループディスカッション]
・論破することよりも協調性の高さが評価される
・頻出する話題に関する下調べは必要
[ディベート]
・柔軟性を身に付けておく
・チームの意見をまとめ、自分の役割を見いだす

◆司会進行役をすれば高評価が得られる？

　グループディスカッション（GD）とは、学生を5〜8人程度のグループに分けて、テーマを与えて討論をさせる選考方法です。複数の人間を相手にどれだけのコミュニケーション能力を発揮することができるかを見るのが、企業側の主な狙いです。

　グループディスカッションの評価ポイントをまとめると、次の3つになります。

1. 論破することが目的ではない

　グループディスカッションを行なうと、ときとしてほかの学生と意見が対立することがあります。思わず熱くなって、ディベートのようになってしまいがちですが、相手を論破することがグループディスカッションの目的ではありません。ここで見られているのは、協調性と説得力です。

　協調性を持って、ほかの人のさまざまな意見も積み重ねて、より良い意

見にまとめ上げるように努めましょう。また、説得力を持って自分の意見を話すことで、相手も理解してくれるはずです。

　ただし、グループディスカッションで何も発言しないのでは、面接担当者も評価のしようがありません。**発言回数は必ずチェックされています。**話し合いには積極的に参加しましょう。

２．知識量も見られている

　学生がグループディスカッションをしているのを横から見ていると、その人の知識量がどの程度なのかがよく分かります。知識があるかないかで、発言の内容は大きく変わってしまうからです。

　どんなテーマが設定されるのかが分からないグループディスカッションではありますが、少なくとも下記のような話題については、事前準備をして知識を深めておく必要があります。

・最近、よく取り上げられるニュースに関する話題
・その企業に関する話題
・その企業が属する業界の話題

　時事に関するテーマはよく出題されますが、発言内容から新聞やニュースを見て自分なりの意見を持っているかどうかがすぐに伝わってしまいます。普段から、時事に関する知識を深めておきましょう。

３．大切なのは"自分の役割"を果たすこと

　学生の中には「グループディスカッションでは司会進行役をやれば高評価になる」と信じている人が多いように思いますが、これは大きな勘違いです。グループディスカッションで大切なのは、チームのなかで自分がどのような役割を果たすかということです。

　普段から、ゼミやサークルでリーダーシップを取っていて、話し合いになれば必ず司会進行役になっているような人であれば、場を仕切ることに慣れているので、グループディスカッションでもその役

割を果たすことができるでしょう。しかし、訓練もなしに勢いだけで司会進行役をやってしまうと、その人のせいでディスカッションがめちゃくちゃになってしまいます。

グループディスカッションでは、司会の役割ももちろん大切ですが、司会をサポートする人、アイデアをたくさん出す人、議論の流れを記録して軌道修正する人、時間管理をする人など、さまざまな役割が必要です。それぞれの役割でチームに貢献すればよいのです。

◆ディベートでは180度持論を曲げる必要もある

ディベートは、グループディスカッションをさらに発展させた選考方法だと言えます。学生を2チームに分け、それぞれに立場を設定して討論させるものです。例えば「小学生の英語教育に賛成か、反対か。A班は賛成、B班は反対の立場で述べなさい」といったテーマが設定されます。

企業によっては、ある程度の時間で区切って、AとBの立場を逆転させて再度ディベートを開始する選考もあります。今までとは180度反対の意見を言わねばならず、柔軟性が問われることとなります。

ディベートで大切なことは、なるべく早い段階でそれぞれのチームでのコンセンサスを取り、その中で自分の役割や視点を見つけていくことです。通常、ディベートに当たって、テーマや立場の設定以外には面接担当者からは何の指示もありません。必要があるならば、討論に入る前にそれぞれのチームでコンセンサスを取る時間を数分間、設けた方がいいでしょう。

※ 10分後に賛成と反対を入れ替えて再スタート

グループディスカッションもディベートも、いきなり面接で本番を迎えるのと事前に経験しているのとでは、その場での立ち振る舞いが全く違ってきます。必ず練習しておきましょう。

CHAPTER 2

面接の2大質問①
「自己PR」の攻略法

面接で必ず聞かれる質問を大別すると、「自己PR」と「志望動機」の2つに尽きます。

この2つの質問さえ押さえておけば、面接担当者に好印象を与えることができ、志望企業内定への道は開けます。

CHAPTER2では、このうちの「自己PR」について説明します。

自分の良さをアピールできる自己PRとはどのようなものか。

まずは自分を正確に知るための自己分析から始めて、面接担当者に訴える自己PRを作成する方法をマスターしましょう。

自己PRの基本 すべての質問の答えは「自己PR」に通じる!

印象的な自己PRをするためには、いくつかのポイントがあります。基本的な心構えや方法について説明しましょう。

> **ポイント**
>
> ・ほとんどの質問は「自己PR」を求めている
> ・基本の自己PR文を用意して、応用しよう
> ・長所を伝えるときはできるだけ具体的に
> ・キーワード→理由→具体例の順でまとめる

◆ほとんどの質問は自己PRを求めている

　面接の目的は、自分がどんな人間かを面接担当者に理解してもらうこと。その目的を達成するには、印象的な自己PRが不可欠です。

　面接担当者はさまざまな質問をあなたに投げかけてきます。例えば、次の5つの質問。

・あなたの特徴を教えてください
・あなたの強みは何ですか
・あなたの性格をひと言でお願いします
・学生時代に打ち込んだことは何ですか
・あなたらしさはどんなところですか?

　切り口は違いますが、これらはすべて「あなたがどんな人間か」を知るための質問です。

　この5つに限らず、たいがいの質問は、あなたの長所を知るための質問です。面接担当者は、1つの質問だけでは特徴や良さが見えにくいので、角度を変えて聞いてくるわけです。複数の回答を総合して、「一緒に働く

イメージがわくか」「会社で活躍してくれるか」を判断します。

　言い換えれば、面接担当者は「自己PRをしてほしい」といっているわけです。ですから、答える方も、その意図を汲んで、あらゆる質問に対して「私は○○な人間です」と自分の特徴を伝えれば間違いありません。

　もっとも、短時間で自分の良さを伝えるのは簡単ではありません。事前にしっかりと準備をしておく必要があります。具体的に言えば、自分の特徴や良さを洗い出したうえで、自己PRの内容をまとめておくことです。

　自己PR文は、面接の前段階にある、エントリーシートを記入する時点で必要になります。エントリーシートの時点では薄い内容でも済むかもしれませんが、いずれ受けることになる面接を見据えて、じっくりと考えておくことをお勧めします。

◆「リーダーシップがある」だけでは伝わらない

　上手な自己PRの鉄則は、どんな切り口で質問されても、できるだけ具体的に自分の特徴や良さを伝える、ということです。

　ただ単純に「私は積極性があります」とか、「私はリーダーシップがあります」などと話しても、何の説得力もありません。積極性やリーダーシップをどんな場面でどのように発揮したのか、エピソードを交えつつ具体的に話せてこそ、自分の特徴や良さを伝えることができるのです。

　自己PRは次のような順番で話すことがベストです。

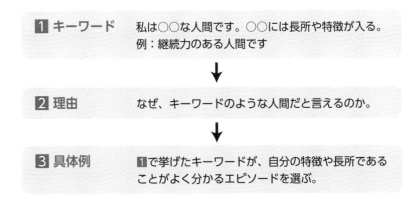

■ キーワード　私は○○な人間です。○○には長所や特徴が入る。
　　　　　　　例：継続力のある人間です

■ 理由　　　　なぜ、キーワードのような人間だと言えるのか。

■ 具体例　　　■で挙げたキーワードが、自分の特徴や長所であることがよく分かるエピソードを選ぶ。

　この流れで、自己PRの文章を作っておき、質問に合わせて変えていくといいでしょう。

自己PRの テーマ① 人に誇れる経験がないと 内定は取れない!?

「人に自慢できる経験がないと、内定なんて取れない……」。そう思い込んでいる学生は多いようです。実際どうなのでしょうか?

・人に自慢できる経験はいらない

・重要なのは過去の経験から自分の特徴や長所を示すこと

・話のネタがかぶったときほど印象づけられるチャンス

◆特別な経験があるかどうかは関係ない

　自己PRの話をすると学生から必ず相談されることがあります。それは、「私にはアピールできることがないのですが……」という悩みです。

　人に自慢できるような経験をしていないから、アピールなんてできないというわけです。

　しかし、そうした経験がなくても、全く心配いりません。

　なぜなら、面接は、自分がどのような特徴や良さを持っているかを理解してもらう場であって、すごい体験をしたことを競う場ではないからです。

　面接担当者は、皆さんの経験したことそのものを聞きたいわけではありません。その経験を通して、皆さんが「なぜ頑張ったのか」、「どうしてそこまでできたのか」、「そこで何を得たのか」を聞きたいのです。それを聞くことで、皆さんの長所や、会社に入ってからどのような活躍の仕方をするのかが見えてくるからです。

　反対に言えば、変わった経験をしている人でも、「長所が分からない」「自社で活躍する姿が想像できない」と判断されれば、内定は取れません。

　自慢できるような珍しい経験なんて、ほとんどの学生がしていません。

経験したことはアルバイトでも、サークルでも、趣味でもいいのです。それらの経験から**自分自身を理解してもらえるキーワードやエピソードを抽出することが大切**なのです。

「ピアノが大好きで、頑張ったけど、大きなコンクールに出場したことはない。こんなネタは面接では話せない」と恐縮している人もいますが、全く問題ありません。自分の特徴が分かるエピソードなら、自信を持って話しましょう。

◆話のネタがかぶったときこそチャンス？

皆さんが面接で話そうとしていることは、次のいずれかの経験が基になっていることでしょう。

●部活	●サークル	●アルバイト
●留学	●ボランティア	●ゼミ
●趣味	●学業	

特に部活、サークル、アルバイトの経験は「よくある自己PRトップ3」で、自己PRのネタの80％くらいを占めていると思います。

グループ面接では、5人中5人がアルバイトの話をする場合もあり得ます。そのとき、「ああ、この人も自分と同じなのか。これでは印象に残らないな」と考えるのは大きな間違いです。

なぜ、そのアルバイトを選んだのか。そのアルバイトでつらかったこと、うれしかったことは何か。そのアルバイトで得たものは何か。これらを**事前にしっかり掘り下げておき、自分の特徴や良さを分かりやすく伝えることができれば、面接担当者にとっては大変印象深い人になります**。実際、そのように話せる学生は極めて少ないからです。

言い換えると、グループ面接でほかの人と経験がかぶってしまうのは、実はとっても大きなチャンスであるということです。同じ経験でより深い内容を話すことができれば、面接担当者は比較がしやすく、特殊な経験で奇をてらうよりも、ずっと簡単にほかの人と差がつけられます。「何を経験したか」ではなく「その経験から何を得たのか」を話せば、そこにあなたの特徴が出るはずです。焦る必要など全くありません。

> 自己PRの
> テーマ②

ありきたり？ の経験でも
内定を勝ち取ることができる！

「ありきたりの経験でも自己PRになる」と言っても、信じてもらえないかもしれません。そこで実例を2人、ご紹介しましょう。

ケース❶ 「静かな特徴」に気づかなかったMさん

「自分には何1つとして特徴がない……」と考えていたMさん。確かにMさんは、とても物静かな女子学生。口数は少ないし、大胆に行動することもない。自分はものすごく普通なので語るべき特徴がない、と思い込んでいました。

ところが、自己分析を深めていくに従い、「コツコツ」というキーワードが見えてきました。Mさんは焦ったり、慌てたりするのが大嫌い。何事においても準備をきちんとしてから、毎日コツコツ、コツコツと物事をこなして、今日までやってきた人だったのです。勉強も部活も、毎日毎日コツコツとこなしてきました。

何事においても毎日コツコツやる人は、そのコツコツやることが自分にとって当たり前のことになってしまい、これといったエピソードが見つけにくいのは確かです。しかし、ちょっと見方を変えれば、それは実に素晴らしい特徴なのです。

多くの学生が学期末に一夜漬けで試験勉強をする中、Mさんは学期初日から試験に向けてコツコツと努力することができていました。自己分析をして、この自分の特徴に気がついたMさんは、面接でも書類でも一貫して「私は目標に向かって、コツコツと努力を重ねることができる人間です」とアピールし続け、志望の銀行に内定することができました。

つまり、目立つ特徴だけが特徴ではないということなのです。

Mさんは、性格上、面接担当者の前では1つも奇抜なことはしませんでしたが、最終面接後に「君は本当にコツコツさんなんだね」と言われたそ

うです。「コツコツさん」と、自分のキーワードをあだ名にして面接担当者が呼んでくれた。これはまさに、人間性を理解してもらって印象に残ったということなのです。

ケース❷ 自分にとって当たり前過ぎて気づかなかったFくん

Fくんの悩みは「時間がなさ過ぎて、学生時代に何の経験もできなかった」ことでした。

「何がそんなに忙しかったの?」

私がそう聞くと、Fくんは言いました。

「僕、新聞奨学生なんです。毎日、朝晩の新聞配達をすることで大学の奨学金をもらっているんです。朝3時に起きて朝刊を配達し、その後に学校に行って授業を受けて、午後は絶対15時に営業所に出勤して夕刊の配達に行かなければなりません」

「それをずっと続けたの?」

「はい。1年生のときから続けています。なので、ほかのことに打ち込む時間がなかったんです。どうすればいいでしょう……」

たぶん、読んでいる皆さんは「それってすごいじゃん!」と思ったことでしょう。私もFくんの話を聞いたとき、「それって、すごく打ち込んだことじゃない!」と言いました。でも、Fくん自身は「何がですか?」という感じ。つまり、彼にとって、大学で学ぶためには新聞配達は当たり前のことになっていて、「打ち込んだこと」として認識されていなかったのです。

アドバイスの末、Fくんは「なぜ、自分は新聞奨学生になったのだろう?」と自己分析しました。そして、「経済的に厳しかったが、どうしても大学で勉強したかったから」というピュアな理由を思い出しました。

以後、Fくんは「私は、どんなに困難なことでも方法を見つけて乗り越えられます」とアピールし続け、一流メーカーに内定しました。

いかがでしょうか。本人にとって当たり前のことでも、きちんとした自己分析で改めて目を向ければ、大きな強みを表現するものになる場合もあります。「私にはPRできることがない」と思っているとしたら、それはきっと勘違い。"あなた自身"を正しくアピールするための経験は、きっといままでのどこかでしてきているはずです。

自己PRの テーマ③ | 短期間でもかまわない。「語れる」エピソードを

エピソードのとらえ方について、企業と学生の考えには、大きなギャップがあります。そのことを知っておきましょう。

ポイント

- 長期間続けていることが必ずしも評価されるとは限らない
- エピソードは打ち込んだ「度合い」で選ぶ
- 学園祭実行委員のような短期の経験でも評価される

◆面接担当者受けを気にし過ぎると失敗する

　特別な経験が必要ないことはご理解いただけたかと思いますが、それでも自己PRのエピソード選びを間違える学生は少なくありません。

　なぜでしょう？ それは「自分の長所を表しているから」ではなく「面接担当者に受けそうだから」という理由でエピソードを選んでいるからです。

　例えば、Aくん。彼は就活当初、自己PRで「私は15年間、獅子舞をしていました」という話をしていました。獅子舞はインパクトがあるし、15年続いたのはすごいことです。ところが面接には落ち続けました。

　よくよく話を聞いてみると、実は獅子舞は親がやっていたから続けていただけで、やりたくてやったことではなかったそうです。「獅子舞ならきっと、印象に残る」と考え、自己PRのエピソードに選んでしまった典型的な失敗例です。もし、Aくんが自分の意志で主体的に獅子舞に打ち込んでいて、15年の長い間に楽しさ、つらさ、達成感などたくさんの感情を味わっていれば、最高の自己PRになったことでしょう。しかし、残念ながらそうしたことを語れるほどの思い入れはなかったのです。

　実はAくんは、中学と高校で野球部に所属していて、親から言われてや

っていただけの獅子舞よりも、そちらの練習に打ち込んでいました。そこで部活のエピソードに変えて残りの就活に臨んだところ、最終的にテレビ局への就職を決めることができたのです。

　同じような例に、Nさんがいます。Nさんはジャズバンドサークルに所属していました。そのサークルは海外の大会に出場するほどの実力で、彼女はその中でもピカイチの腕前。コンサートではいつもソロを担当し、たくさんの賞も取りました。しかし、Nさんもまた、ジャズバンドは親に言われてやり続けたことでした。面接で話したものの、話がつながらず、なかなか内定は出なかったのです。

　エピソードに選ぶ題材は、たとえそれが、世間一般で言う"すごいこと"であっても、心から打ち込んだ事実と深い自己分析がなければ面接担当者のさまざまな質問に対して場当たり的な返答しかできず、結果的に底の浅い、一貫性のない自己PRになってしまいます。

◆2、3カ月の経験でもOK

　一方、皆さんの中には「打ち込んだ期間の長いものこそ自己PRにふさわしい」と思っている人がいるでしょう。しかし、それも勘違いです。

　確かに、物事を継続して長く続けたことはそれ自体、実績として大変評価できることです。しかし、誰かに言われたから続けたとか、何となくダラダラ続けただけというのでは、何の意味もありません。**本気で打ち込んだことがあれば、期間は短くてもそちらをアピールすべきです。**

　例えば、学園祭実行委員の話。学祭の準備ですから、期間にすれば2、3カ月といったところがせいぜいでしょう。でも、それが本当に自分の意志で打ち込んだことであり、さまざまなことを主体的に考えて取り組んだ経験なのであれば、十分、自己PRのエピソードとして活用できます。「たった数カ月しか経験していないので……」と引け目を感じる必要はありません。本気で打ち込んだのならその数カ月の中に、あなたの本気の感情がいっぱい詰まっているはずです。楽しかったこと、うれしかったこと、つらかったこと、それを乗り越えた達成感など、その本気の感情と向き合って自己分析すれば、必ず自分自身を面接担当者に理解してもらえる自己PRになるはずです。

| 印象に残る 自己PR | # 面接担当者の心に残る 自己PR、残らない自己PR |

面接担当者の心に残る自己PRの条件には、自分の良さや特徴をしっかりと伝えられる内容が必須です。にもかかわらず、多くの学生は、自分の良さや特徴をうまくエピソードとつなぎ合わせて、語れていません。典型的な失敗例と比較しながら、成功する自己PRを探っていきましょう。

アピールポイントがズレている

OK 回答例　私の人生のターニングポイントは、❶親友とのケンカです。意見の食い違いから、「お前は人の話を聞こうとしない」と言われ、衝突しました。しかし、冷静になると、確かに私は自分の主張ばかりして、相手を不快にさせる傾向があると気づかされました。以来、誰と話すときでも❷相手の意見を聞いてから、自分の意見を述べるように心がけるようにして、ほかの場でも人間関係がうまくいくようになりました。親友には非常に感謝しています。

ここがポイント！
❶「友人とのケンカ」は面接時のエピソードとしてはふさわしくないと思うかもしれませんが、実はOK。そこから学んだことをきちんと話せれば問題ありません。この学生は❷「相手の意見を尊重することの大切さ」を学び、自分が変われたことをしっかりと話せています。

NG 回答例　私の人生のターニングポイントとなった出来事は、親友とケンカをしたことです。意見の食い違いから、衝突してしまいました。すぐに仲直りはできたのですが、それ以来、衝突しないように、自分の意見はなるべく言わないように心がけています。

ここがポイント！
上のOK例と一見似た話に見えますが、面接担当者の印象は全く異なります。「意見を言わない」は協調性や忍耐力のアピールなのでしょうが、それだけでは「消極的になった」と取られてしまいます。これではアピールにはなりません。

日記のような自己PRでは説明不足

　私はファミリーレストランでアルバイトを3年間続けており、現在は、フロアのバイト責任者を務めています。当初は、多くのウェイター、ウェイトレスたちをうまく仕切ることができず、忙しい時間帯など「呼んでもなかなか来ないじゃないか！」とお客さまにしかられたこともたびたびありました。このままではいけないと思い、❶「空いた時間に、備品の準備などの作業を手分けして済ませる」「お待たせしているお客さまにひと言だけでも声をかける」「忙しくても声をかけ合って、助け合う」「個々で工夫していることを掲示板に貼り出して、共有する」などの改善点を挙げて工夫したところ、お客さまからおしかりを受けることがなくなりました。❷この経験から事前に準備をすることや、小さなコミュニケーションの大切さを学びました。

ここがポイント！
❶工夫している内容を、具体的に話すことで、単なる心がけにとどまっていないことが分かります。
❷ファミリーレストランのアルバイトの失敗経験のエピソードから、「失敗から学ぶことができる」「予測を立てて、準備を進められる」という自分の特徴や良さをしっかり伝えられています。

　私はファミリーレストランでアルバイトを3年間続けています。週に4回は必ず夕方5時からシフトに入り、一生懸命お客さまにサービスをしています。お客さまから「ありがとう」のひと言をもらうのが本当にうれしくて、今日まで続けています。この仕事を始めたことで接客が大好きになりました。これからもお客さまに感謝されるよう、精一杯がんばりたいです。

ここがポイント！
「ありがとうのひと言がうれしい」と一見良いことを語っているようですが、実は何の理由も具体例も話せていません。これでは、自己PRではなく、ただの日記です。3年も働いているなら、そこから学んだ話が1つぐらいはあってもおかしくないところ。それがないのは、エピソードの掘り下げが甘い証拠です。

根拠があると思い込んでいる

　私は責任感のある人間です。何事にも責任感を持って行動し、途中で投げ出しません。私は、大学3年生のときに、テニスサークルの代表を務めていました。❶代表に選ばれたのは、大学1、2年生のときに、合宿場所やグラウンドの手配をする仕事をまじめにこなしていたからだと言われました。代表に就くと、想像以上に多くの仕事が待ち受けていました。練習メニューの作成やほかのサークルとの折衝もあれば、人間関係を取り持つなどの裏方的な役割もありました。気を遣うあまり、テニスを楽しめない時期もありましたが、任命してくれた先輩の期待に応えたいと思い、やり抜きました。わずか1年の経験でしたが、❷嫌なことから逃げずに責任を全うする力が身に付いたと思っています。

ここがポイント!

サークルの代表をしていた事実だけでなく、❶「なぜ自分が代表に選ばれたのか」「代表として、自分はどんな役割を果たしているのか」を話せています。「コツコツとやり抜くこと」「チーム全体を見て行動できること」などの特徴が伝わってきます。❷最後に、「この経験から身に付いたこと」を自分なりに話せていることも評価できる点です。

　「私は責任感のある人間です。何事にも責任感を持って行動し、途中で投げ出しません。私は、大学3年生のときに、テニスサークルの代表を務めていました。150人のメンバーを束ねていました。1年間にわたって、代表という仕事をすることで、責任感を身に付けたと思っています」

ここがポイント!

「責任感」というキーワードだけが伝わってきて、その根拠が見当たりません。サークルの代表をしていたから責任感がある。果たして本当にそうだと言えるでしょうか。代表だからというだけでその人に責任感があるとは言い切れません。

エピソードをどこまで掘り下げているかで就活の明暗は分かれる!

　以上、ご紹介した3つの例。内定が取れない学生の自己PRで、最も多く見られるのが、NG例にあったような、日記的な回答に終始しているパターンです。

　自分の特徴を言っているようで、単なる事実しか述べていないという人も少なくありません。また、キーワードの根拠や裏付けがないパターンも多く見られます。思い込みだけで自己分析をしていると、こういう自己PRに終始してしまいます。

　一方、OK例は、エピソードは全く同じですが、自分の特徴をきちんと話すことができています。過去のエピソードをしっかり掘り下げること、いわゆる「自己分析」がいかに大切かが分かるでしょう。

　では、OK例のような内容の自己PRを用意するために必要なことを説明しましょう。

　次ページから紹介する「自己分析」にチャレンジしてみてください。誰でも、OK例のような自己PRが話せるようになります。

面接担当者の笑いを取ると受かる?

　よく、次のようなことを言う学生がいます。

　「面接担当者の笑いを取ってやりましたよ。僕のことは、絶対に強く印象に残っているはずです」

　本人はとっても満足気だったりするのですが、結構、そういう人に限って落ちていたりします。「面白いやつだ」と思うのと「一緒に働きたい人だ」と思うのはイコールではないからです。

　面接担当者にとって印象に残るということは、相手の学生の人間性が深く理解できて、好感が持てたということです。「正しい意味で」面接担当者の印象に残るためにも、しっかり自己分析を行なってください。

就活で成功したいなら「自己分析」は欠かせない!

自己分析の重要性

どんな就活本にも必ずと言っていいほど出てくる「自己分析」。なぜ必要とされるのでしょうか。そのメリットを挙げてみました。

ポイント

- 自分の良さが発見でき、回答にブレがなくなる
- 価値観が明確になり、企業選びにも役立つ
- 今後の仕事にも役立つ

◆答えに一貫性のない人は、自己分析が甘い

　自己PRで、面接担当者に自分の特徴や良さを確実に伝えるためには、「自己分析」が欠かせません。その重要性は、ここまでの説明で実感されたことでしょう。

　自己分析とは、自分のこれまでの人生を振り返ることで、「自分がどんなことを考えてきて、どんな価値観を持っているか」「何が得意で、何が不得意か」「そんな自分だからこそ、こんな仕事がしたい」といったことを見つけ出す作業です。

　中学生くらいまでさかのぼって、分析をしてみると、自分自身がどんな人間なのかがはっきり見えてきます。その長所を、エピソードを交えながら話すと、自己PRに説得力が出ます。

　自己分析を行なうと、説得力のある自己PRができるようになる理由の1つに、回答の矛盾がなくなるということがあります。

　実は、面接担当者の質問に対して、全く一貫性のない答えを返している人は少なくありません。例えば、「継続力がある」と言いながら、何1つ続いた試しがない。「コミュニケーション能力が高い」と言いながら「話

すことが苦手」だと言う……。これは、話す内容がまとまっていない証拠。その場その場で思いついた答えを返しているだけだと、こういう事態に陥りがちです。答えに一貫性がなければ、面接担当者は「この人はどういう人間か」を判断できず、採用したいとは思いません。

その点、きちんと自己分析を深めていれば、このような事態を防ぐことができます。

◆自分に合った企業選びにも役立つ

自己分析は、自分に最適な企業を選ぶためにも役立ちます。自分はどういう人間で、何に喜びを感じ、将来はどんな人間になりたいのか、といった価値観が明確になることで、どんな企業が合うのかが見えてくるのです。また、それを踏まえて企業を選べば、志望動機にも真実味が出てきます。

納得のいく就活は、自己分析があってこそなのです。

自己分析の方法を覚えると、社会に出てからも大変役立ちます。自己分析は、社会人として歩んでいく中でもたびたび行なうものだからです。

例えば、今の自分は、仕事の何が楽しくて、どんなやりがいを感じて、それに取り組んでいるのか、といったことは、入社前と入社数年後では全く変わっているものです。そうやって自分の内面を見つめる作業を続けていると、後悔のない社会人生活が送れるはずです。

3つのステップを踏めばスムーズに自己分析ができる

How To
自己分析

自己分析は、次の3つのステップで進めると、スムーズに行なうことができます。皆さんも、このページを見ながら、自己分析を進めてください。

私が勧める自己分析の方法は、「中学・高校・大学時代に打ち込んだことを徹底的に振り返ること」です。

達成の喜びや、結果が出なかったときの悔しさなど、一生懸命打ち込んだことには、あなたの素の感情が内包されています。それらと向き合うことで、あなたの人間性が見えるのです。

まずは第1ステップ。次ページのシートの設問に答えてください。

❶中学〜大学時代に打ち込んだことを挙げる

中学 テニス部。ピンチヒッターとして大会出場が決まり、短期間で集中特訓し、準優勝を収めた。

高校 学業。毎日部活に遅くまで励んでいたが、たとえ30分だけでも予習復習を欠かさず、授業に臨んだ。

大学 テニス部。レポートなどで活動時間が削られたが、計画を立てて限られた練習時間を有効活用した。

❷打ち込んだことの共通点を見つけ出す

共通点 限られた時間の中で成果を出せる。

❸共通点から自分の特性をまとめる

「私は物事に取り組む際、限られた時間の中で集中し、成果を出していくことができます」

自己分析シート

中学～大学時代に打ち込んだこと

➡どんなことに打ち込んだのか

➡なぜ、それを始めたのか

➡打ち込んだ経緯と、なぜ打ち込んだのか

➡どのように打ち込んだのか

➡打ち込んだことで得たもの、学んだこと

➡打ち込む中で、何か困難なことはあったか

➡どのように困難を乗り越えたか、なぜ乗り越えられたのか

➡中学（高校）時代の経験がどのように影響しているか

シートを記入するうえでのポイントを、いくつかまとめました。

1. この時点では、打ち込んだことは、1つでなくても構いません。紙を変えて、いくつか書いてみるといいでしょう。たくさんのシートを並べてみると、あなたのさまざまな特徴が見えてきます。

2. 当時の感情は、ありのままに文章にすること。すると、人間性が浮

き彫りになります。他人に見せる必要はないので、正直に書きましょう。

3．設問の中でも「困難なことはあったか」「その困難をどう乗り越えたか」は自己PRの重要なポイントなので、しっかり考えてください。

4．中学・高校の成功体験や失敗体験は、高校・大学で「なぜ始めたか？」「なぜ打ち込んだか」に影響していることがよくあります。「高校時代に嫌な思いをしたから、大学では別のことをした」「高校ではもっとレベルの高いことをしたかった」「中学でレギュラーになれなかったので、高校で頑張ろうと思った」など。これらは感情や性格が出やすいポイントなので、欠かさず書きましょう。

◆共通点を見つけ出すことで、自己PRの軸ができる

　自己分析シートで「中学・高校・大学時代に打ち込んだこと」を振り返っていくと、さまざまな場面での自分を思い出し、いろいろな「自分らしさ」が見えてくるでしょう。「粘り強い」「行動力がある」などの特徴や良さも見えてきたはずです。

　第2ステップは、表現したい自分の特徴や良さの中から、共通する特徴を探していきます。

　そして、その共通点の中から、最も自分の特徴を言い表しているキーワードを見つけ出すのが、第3ステップです。このキーワードを軸に、自己PR文を作成すれば、一本筋が通った自己PRが完成します。

　自己PRが完成したら、それを誰かに読んでもらうか、聞いてもらいましょう。その後に、「ひと言で言うと、どんな人間だと思う？」と聞き、相手が自分のキーワードと同じようなことを言ってくれたら、きちんと自分の特徴や良さの伝わる自己PRになっているということになります。

◆自分の特徴を決めつけてはいけない

　以上の3つのステップで自己分析を行なえば、さまざまなエピソードに共通する「自分らしさ」「自分の良さ」を見いだせることでしょう。

　しかし、実際には、これと逆のステップで自己分析をする人が少なくありません。つまり、自己分析をする前から、「僕にはリーダーシップがある」

「私は思いやりがあるわ」と自分の特徴を決めつけ、それに合わせて過去のエピソードを探していくという方法です。

　しかし、私はこの方法をお勧めしません。なぜなら、本当の自分らしさに行き着くチャンスを逃すからです。

　自分の特徴や良さは意外と自分では分かっていないもの。最初に決めつけてしまうと、自分が分かっている範囲内だけで自己分析をすることになり、未知の長所に出会えなくなります。

　また、自分のことだからといって決めつけた特徴が必ずしも正しいとは限りません。例えば、「自分には思いやりがある」と決めつけると、過去に「思いやりのある」行動が少ないにもかかわらず、まれな出来事を不必要にクローズアップしてしまいがちです。

　本当の自分らしさに出会うためには、まず、自分が本気で打ち込んできたことに目を向けること。打ち込んでいたころの出来事を振り返り、そこから自分の特徴や良さ（キーワード）を見つけていくこと。まどろっこしいかもしれませんが、この手順を踏む必要があります。

自己分析の正しいステップとは？

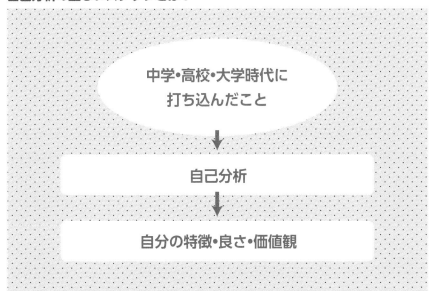

中学・高校・大学時代に
打ち込んだこと

↓

自己分析

↓

自分の特徴・良さ・価値観

自己分析の注意点 「就活のため」に 自己分析をしてはいけない

「自己分析は、就活のために行なうものだが、就活のために行なってはいけない」。まるで禅問答のようですが、その理由とは？

ポイント

- ・就活のために自己分析をすると、目が曇る
- ・自分の嫌いな性格や特徴を見てこそ、自己分析
- ・つらい過去から逃げない。直視することで、本当の自分が分かる

◆自己分析では就活を意識し過ぎない

　最後にもう１つ、自己分析をするときの注意点を述べておきます。

　皆さんは、自己分析をするのは就活のためだと思っているのではないでしょうか。確かに、面接では自己PRや志望動機が不可欠なわけで、それらを導き出すために自己分析をするのですから、「就活のために自己分析をする」は、ある意味正解です。

　しかし、最初から「就活でうまくやるため」「面接の材料のため」と思って自己分析をスタートするのは、やめてください。

　なぜなら「就活のため」と考えた瞬間から、自分の良いところにしかスポットライトを当てなくなるからです。良いところだけに注目しても、自分の本質は見えてきません。

　自己分析は良い点も悪い点も含めて、今まで気がつかなかった新しい自分を発見する、という気持ちで進めてください。

　真っ白な気持ちで自己分析を進めていくと、自分についてネガティブなキーワードもたくさん出てきます。つまり自分の嫌いな自分の性格や特徴も浮き彫りになってくるのです。しかし、それでいいのです。

　大切なのは「自分が自分を知る」ということ。自分の嫌いなところが1つもない人なんていません。嫌いなところ、ダメなところも含めて"自分"なのです。

　自分の全体像を把握していないと、面接担当者の質問に対して一貫性のないバラバラな答えを場当たり的に返してしまいます。すると、面接担当者に「この人がどういう人なのか、よく分からなかった。採用すべき人材か判断できない」と考えられてしまいます。

◆自己分析ではつらい過去とも向き合う

　打ち込んだことを振り返ると、もしかすると、つらい過去を蒸し返すことになるかもしれません。

　誰しも、思い出したくない過去、記憶の闇に葬ってしまった過去があることと思います。しかし、その過去を乗り越えたからこそ、今があるのです。自己分析のカギは、その「つらかった過去」「苦しかった経験」にこそ隠されているので、嫌がらず、そこにスポットライトを当ててください。

　剣道を10年間続けてきたA子さん。しかし、自己分析を進めていくうちに、つらい過去と向き合うことになってしまいました。それはお姉さんの存在です。A子さんにとって、お姉さんはずっとかなわない存在でした。剣道の大会でも、いつもお姉さんの方が好成績。A子さんにとってお姉さんの存在はコンプレックスそのものだったのです。

　しかし、そのコンプレックスと向き合ったことで、彼女は自分の特徴を発見できました。なぜなら「姉を超えたい」という強い思いこそが、彼女の行動の原動力だったからです。その思いと向き合い、面接でA子さんは「自分は目標を設定し、必ずそれを超えることのできる不屈の精神を持っている」とアピールしました。結果、見事に志望の大手企業に内定しました。

　私のところに自己分析のことで相談に来る学生は、男子学生も含めて本当に多くの人が涙を流します。自己分析の過程で、つらい過去と向き合うことになるからです。しかし、本気で自分と向き合う自己分析ができた人は、必ず志望企業に内定しています。彼らは自分をしっかりと理解することができたので、エントリーシートでも面接でもブレのない答えを返すことができたのです。

面接担当者に好印象を与える自己PR

自己PR
実例

「この学生は期待できる！」と面接担当者に評価されるための自己PRとは？
自己分析から導き出した20の文章例をご紹介します。

ポイント

- 「自分らしさ」と「企業の評価ポイント」をつなげる
- さまざまな評価ポイントを知って、自分に照らし合わせる

◆自己分析の後に、立ち止まらない！

　44〜47ページで、自己PRを導き出すための正しい自己分析の方法についてご紹介しました。ここでは、具体的にどのように自己PRを導き出すのか、20の実例をご紹介していきます。

　中学・高校・大学で打ち込んだことから自分の特徴や良さを導き出し、その中から共通する「自分らしさ」を見つけ出す。そこまでは分かってもらえたと思いますが、難しいのは、その「自分らしさ」を自己PRにつなげることです。

「『自分らしさ』を生かすことで、志望企業の中で活躍できる」イメージを与えられればいいわけですが……。実際にやってみようとすると、企業の面接担当者はどんな「自分らしさ」なら評価してくれるのか、その共通点を軸にどのような話をしていけばいいのかが分からず、頭を抱える人は多いようです。

　次に紹介する20の実例を読めば、面接担当者に評価されるポイントとは何か、それを踏まえてどのような話につなげていけばいいかがつかめるはずです。ぜひ参考にしてください。

限られた時間の中で成果を出せる。厳しい状況をアピールすることで社会人としての適性を示す

　私は物事に取り組む際、集中して、限られた時間の中で、成果を出していくことができます。例えば、大学3年間で打ち込んできたテニス部の活動は、時間をかけて練習できた高校時代とは異なり、実験やレポートに時間を取られることが少なくありませんでした。そこで、その限られた時間を最大限に生かすため、課題を計画的に行ない、貴重な練習時間に神経を集中させて取り組み、納得のいく結果を出すことができました。また、同じように大学での勉強や普段の生活でも、課題や目的を明確にして、時間を有効に使い、成果を出すように行動しています。

ここがポイント 単に「成果を出す」ではなく厳しい状況で成果を出せることを伝えるとGood。上の例では「限られた時間の中で」をアピール。

◆自己分析のステップ

中学 テニス部。ピンチヒッターとして大会出場が決まり、短期間で集中特訓し、準優勝を収めた。

高校 学業。毎日部活を遅くまでやっていたが、たとえ30分だけでも予習復習を欠かさず、授業に臨んだ。

大学 テニス部。レポートなどで活動時間が削られたが、計画を立てて限られた練習時間を有効活用した。

共通点 限られた時間の中で成果を出せる。

私は物事に取り組む際、集中して限られた時間の中で成果を出していくことができます。

「人のために働くのが好き」だけなら誰でも言える。具体例を入れることで、説得力が出る

OK
自己PR

　私は、相手が喜んでくれたときに大きなやりがいを感じます。大学生活のうち2年間、学校が休みの週末と長期休暇のときは毎日、テーマパークでアトラクションの誘導係を務めてきましたが、お客さまが楽しんで帰っていく姿を見ることで、満足感が得られました。また、その笑顔を見るためなら、通勤に往復3時間かかることも、苦に感じませんでした。むしろ、もっとできることがあるのではないかと考えるようになり、先輩たちに体験談や工夫していることを聞かせてもらうようになりました。これからも、人に幸せを感じてもらえることを続けていきたいです。

ここがポイント　「人のために働くことが好き」だけでは抽象的。具体例を入れましょう。「先輩たちに〜」の話で、本気度が伝わります。

◆自己分析のステップ

| 中学 | 学年委員。3年生で学年委員をしたとき、全学年が参加できる行事を企画、実現しようと奮闘した。 |

| 高校 | サッカー部。部長を務め、部全体のやる気を出すため、部員1人ひとりの意見や考えを聞いた。 |

| 大学 | アルバイト。テーマパークのアルバイトでお客さまを喜ばせるため、先輩に話を聞き、参考にした。 |

| 共通点 | 人が喜んでくれることにやりがいを感じられる。利他的な思考。 |

私は、相手が喜んでくれたときに大きなやりがいを感じます。

目標に向かって頑張れることは、社会人として必要な能力。苦しんだ経験も欠かさず入れたい

　私は、皆で1つの目標を持ち、その目標を成し遂げることにやりがいを感じます。高校3年間と大学1・2年は学園祭の実行委員を務めました。最初はみんなの意見がぶつかって衝突することもたくさんありましたが、徹底的に話し合いをしてお互いの本音をぶつけ合ってこそ、より充実した学園祭ができるということを実感しました。いろいろな考えの人がいる中で意見を合わせていき、実行委員だけではなく参加する人々の気持ちが1つになったとき、大きな充実感を味わうことができました。無事に学園祭が終わったときには、涙が出るほど嬉しかったです。

ここがポイント　「目標の実現に向けて頑張れる」ことは社会人として必要な資質。意見のぶつかり合いをまとめた経験もアピールになります。

◆自己分析のステップ

中学　学業。数学が苦手だったので、普段から予習復習を行ない、テストで最低80点を目標に頑張った。

高校　学園祭実行委員。委員だけで盛り上がっていたので、生徒全員で盛り上がることを目標に奔走した。

大学　学園祭実行委員。全員で同じ目標に向かって徹底的に話し合うことで、目標をすべて達成できた。

↓

共通点　目標に向かって努力できる。

↓

私は、皆で1つの目標を持ち、その目標を成し遂げることにやりがいを感じます。

留学やインターンシップの経験談を話すだけではアピールにはならない。自分の特徴や良さを引き出して伝えよう

OK 自己PR

　私は興味を持ったことに対して、積極的に行動することができます。大学3年のときには、働くことについて理解するため、インターンシップに打ち込みました。始まる前にできる限りの情報収集を行なったうえで、2カ月間のインターンシップに参加しました。初めのうちは何から手をつけていいのか戸惑うこともたくさんありましたが、自ら積極的に質問や提案をすると、多くの答えを得ることができ、非常に参考になりました。いろいろな方の仕事への思いを聞くうち、会社や仕事を理解するだけでなく、自分のやりたいことや将来像についても考えることができました。

ここがポイント 留学やインターンシップを経験した事実だけではアピールになりません。複数のエピソードや実体験を長所に落とし込みましょう。

◆自己分析のステップ

中学 吹奏楽部。入学式で演奏する先輩が格好良く見えたので、未経験でありながら入部した。

高校 留学。英語で会話することに興味がわき、アメリカへ短期留学することをすぐに決意した。

大学 インターンシップ。3年生のとき、就職を目前に、働くことについて知りたくなったので参加した。

共通点 興味を持ったことに対し行動に移せる。

私は興味を持ったことに対して、積極的に行動に移すことができます。

派手な経験でなくてもかまわない。当たり前に続けていることにアピールの種はある

OK 自己PR

　　私はコツコツと地道に努力を積み上げていくタイプの人間です。また、積み上げていった努力が成果に結びついたとき、大きな達成感を感じます。今まで努力してきた例として文章力が挙げられます。私は文章を書くことが好きで、小学4年生のころから毎日欠かさず日記を書いています。また、高校に入り、文章で自分の気持ちを表現することを能力として高めるため、全国作文コンクール入選を目標に取り組んできました。大学2年生でその夢がかなったとき、日々の努力が大きな成果として実ったことを実感できました。

ここが ポイント	「文章力を培うための努力」は地味ですが、アピール効果は十分。地味な作業を続けることは仕事で何より大切なことだからです。

◆自己分析のステップ

中学	学業。試験前に慌てたくないので、普段から勉強することで、余裕を持って試験に臨んでいた。

高校	作文コンクール。3年生で一度あきらめかけたが、今しか目指せないと思い直し、頑張った。

大学	作文コンクール。試行錯誤を重ねて何度も書くことで作文の質も上がり、入賞して達成感を得た。

↓

共通点	日々の地道な努力。

私はコツコツと地道に努力を積み上げていくタイプの人間です。また、積み上げていった努力が成果に結びついたとき、大きな達成感を感じます。

「継続」だけのアピールではもったいない。そこから何を得たのか、もう一歩突き詰めて考えよう

自己PR

私は柔道を通じて強い精神力を身に付けました。自分が決めた道を迷わず進むことで、途中で困難なことがあっても、それに打ち勝つことができます。中学2年生のとき、練習中にけがをして二度と柔道はできないだろうと医師から告げられましたが、それにくじけずリハビリに励んだ結果、中学3年生の県大会で優勝することができました。その後も柔道を続け、大学2年生のときには関東地区大会で準優勝の成績を収めました。私の成績では合格は難しいと言われた大学に合格することができたのも、柔道を通じて培った精神力で、長くつらい受験勉強をやり抜くことができたからだと思っています。

ここがポイント	精神力の強さによるいままでの成功が、上手に説明できています。継続の結果、何を得たのかの分析が大切。

◆自己分析のステップ

中学	柔道。練習中にけがをしたが、回復のためにリハビリを行ない復帰、県大会で優勝を収めた。

高校	受験。合格が難しいと言われた大学に受かるため、毎日欠かさず勉強を行ない、無事合格できた。

大学	柔道。出場が決まった関東大会はさすがに強豪ぞろいだったが、準優勝することができた。

↓

共通点	困難に打ち勝つ精神力、長く続けられる継続力。

↓

私は柔道を通じて強い精神力を身に付けました。自分が決めた道を迷わず進むことで、途中で困難なことがあっても、それに打ち勝つことができます。

「目標に向けて努力できる」なら、過去の目標や努力の内容をできるだけ細かく語ろう

OK 自己PR

　私は、明確な目標を立て、それに向かって頑張り続けて目標を達成することができます。例えば、大学時代に1年間イタリアに語学留学した際、初めは言葉も通じず、孤立してしまいました。しかし、そのままでは留学をした意味がないと思い、「1カ月で現地のクラスメートに溶け込む」という目標を立て、大学の授業以外にも語学学校に通ったり、積極的に現地の仲間の輪に入っていったりしました。結果的に、日本からの留学生の中で1人だけ、早くから現地のクラスメートの輪に入ることができ、「よく頑張っているね」と褒められるようになりました。

ここがポイント　「目標に向かって努力できる」だけでは物足りません。どんな目標を立ててどんな努力をしたのかできるだけ細かく語りましょう。

◆自己分析のステップ

中学　受験。レベルの高い高校を設定して、そこに受かるよう勉強法を考え、勉強の効率化を図った。

高校　演劇部。公演を成功させるため、部員全員で一丸となれるよう、準備や稽古の計画を立てた。

大学　イタリア留学。積極的に現地の人に話しかけることで、現地のクラスメートにもなじめた。

共通点　明確な目標を立て、目標達成のために努力できる。

私は、明確な目標を立て、それに向かって頑張り続けて目標を達成することができます。

ぶち当たった困難を乗り越えるための
工夫や手段は、細かく語ると、
「応用力」「柔軟性」のアピールになる

OK
自己PR

　私は、達成するのが難しいと思うことでも、簡単にはあきらめずにチャレンジしていく人間です。大学に入学したばかりのころ、英語の勉強を頑張ろうと思い、1つの目安として「TOEIC700点以上をクリアする」という目標を立てました。しかし、最初のテストでは600点にも及ばずショックを受けました。そこで、勉強の仕方を変えたり、ネイティブの人と直接話しができる機会を設けたりといった努力をしました。途中、なかなか点数が上がらず悩んだこともありましたが、目標に向かってあきらめずに取り組み、3度目のテストで目標を達成することができました。

ここが ポイント	困難を乗り越えたエピソードを語るときは、それを乗り越えるための工夫や手段を詳しく語ると、対応力のアピールになります。

◆自己分析のステップ

中学	バレーボール部。部員7名の弱小部だったが、練習量を増やした結果、試合に勝つことができた。
高校	アルバイト。アルバイト先のコンビニに常連の外国人がいたので、接客できるよう英語を勉強した。
大学	学業。「TOEIC700点以上」を目標に、勉強方法を変えるなどの工夫をして、3度目で達成できた。

↓

共通点	達成が困難なことに挑戦する精神、決してあきらめない根性。

↓

私は、達成するのが難しいと思うことでも、簡単にはあきらめずにチャレンジしていく人間です。

「好奇心旺盛」はいいことだが評価はされにくいポイント。仕事の能力を証明できる話をしよう。

OK
自己PR

> 　私は、一度始めたことは目標を達成するまで粘り強く頑張ることができます。私は、大学で中国語を勉強し始めました。授業だけでなく、留学生と積極的にコミュニケーションを取ったり、中国語のサークルに入って努力しましたが、なかなか上達しませんでした。しかし、あきらめずに勉強を続けていたら、1年が経つころからいろいろなことが理解できるようになりました。今では、中国からの旅行者に民芸品を紹介するアルバイトができるまで上達しました。「中国語でお金を稼ぐ」という目標を立てて始めた勉強ですが、第1段階の目標を達成できました。

ここがポイント 自己分析を見ると「好奇心旺盛」でもありますが、仕事の能力のアピールには向きません。「粘り強く頑張れる」方を推しましょう。

◆自己分析のステップ

中学	英語。興味を持ち、英会話にも通って使える英語を学び、実際に外国人とも話せるようになった。
高校	アメリカへ留学。最初は異国で寂しくなったが、改めて目標を掲げ、生の英語を習得した。
大学	中国語。大学で学び始め、サークルや留学生とのコミュニケーションを通じて理解度を深めた。

共通点	目標達成まで地道に努力できる。一度始めたらやめない。

私は、一度始めたことは目標を達成するまで粘り強く頑張ることができます。

部活経験者は「協調性」をアピールしがちだが、意外と評価されない。「1人で頑張れる」方が良い

OK
自己PR

私は1つのことに集中して打ち込むことができます。途中でつらいことがあっても、あきらめず、くじけず、自分の気持ちをしっかり持ち続けることができます。大学から始めたジャズダンスは、初めは経験者との実力の差が大きく、非常につらかったです。しかし、踊ることが純粋に楽しかったということが支えになって、あきらめずに続けられました。また、チームメートの皆が熱心に指導してくれたり、練習や研究を重ねることで力をつけることができ、初心者の中では唯一、経験者に混ざって発表会に出るメンバーに選出されました。

ここがポイント　「集団で働くこと」を意識すると「協調性」をアピールしたくなりますが、「1人で頑張れる」話をした方が評価されます。

◆自己分析のステップ

中学　科学部。理科が好きで入部した。実験で失敗を繰り返しても、投げ出さずにやり遂げた。

高校　バスケットボール部。非常にキツイ練習だったが、続けたことでレギュラーになれた。

大学　ジャズダンス部。未経験で入ったので、経験者に追いつけるように練習し、メンバーに選ばれた。

共通点　1つのことに集中して打ち込める。つらいことも乗り越えられる

1つのことに集中して打ち込むことができます。途中でつらいことがあってもあきらめず、くじけず、自分の気持ちをしっかり持ち続けられます。

「まじめさ」「謙虚さ」も
具体的なエピソードがあれば
評価の対象になる

　私はどのようなことでもまじめに取り組みます。苦手なことでも、そのことから逃げずに取り組むことで克服してきました。例えば、小学生対象のサマースクールの指導者としてのボランティア活動では、初めのうちは子どもたちと上手に接することができませんでした。悩む日が続きましたが、ある日、子どもの1人が元気にあいさつしてくれたことが印象に残り、基本的なあいさつから自分を見直していこうと思いました。それから子どもと気持ちが通じ合うようになりました。また、大人とのコミュニケーションでも、あいさつが重要であると実感するようになりました。

ここがポイント　「まじめさ」「謙虚さ」をアピールするエピソードとして、「自分の姿勢を見つめ直し、改めた」ことは評価されます。

◆自己分析のステップ

中学　学業。国語が苦手だったが、読書に取り組むことで文章を読む能力が養え、苦手意識を克服できた。

高校　風紀委員。人に注意をすることが苦手だったが、校則違反をしている人に注意した。

大学　小学生対象のサマースクール。苦手だった子どもとのやりとりも、あいさつを通して通じ合えた。

共通点　何事にもまじめに取り組める。苦手なことにも立ち向かえる。

私はどのようなことでもまじめに取り組みます。苦手なことでも、そのことから逃げずに取り組むことで克服してきました。

補欠からレギュラーに昇格。そこまでの過程をしっかり話せれば、好印象を与えられる

OK
自己PR

　物事を途中で投げ出さず、努力することの大切さを知っています。例えば、現在所属しているフットサルチームで、入部当初はレギュラーになれませんでした。中学・高校ではサッカー部でレギュラーを経験しており、試合に出る喜びを味わってきただけに、とても悔しい思いをしました。どうしてレギュラーになれないのかも納得できなかったので、コーチに思い切って聞いてみました。その結果、自分の技術の改善点が分かり、途中で投げ出さずに練習に取り組んだ結果、6カ月後に晴れてレギュラーに選ばれました。

ここが ポイント	行動力、あきらめない芯の強さが伝わってきます。部活での苦労や失敗も語れると、そのエピソードの深みがグッと増すでしょう。

◆自己分析のステップ

中学	受験。志望していたサッカーの強豪校には届かない成績だったが、毎日必死に勉強して合格した。
高校	サッカー部。部員のレベルが高く、補欠の時期が続いたが、人の何倍も練習してレギュラーの座を勝ち取った。
大学	フットサルチーム。コーチの言葉をきっかけに練習に励み、レギュラー入りを果たした。

共通点	途中で投げ出さない。悔しさを原動力にして目標を目指せる。

物事を途中で投げ出さず、努力することの大切さを知っています。

「悔しさを成長の糧にする」人は 企業が欲しい人材。 エピソードがあればアピールを

OK
自己PR

　私はつらいことや悔しいことをバネにして、自分を成長させてきました。中学時代から英語を勉強することが楽しくて、大学でも英米文学科を専攻しました。しかし、大学２年生の夏休みに初めて１人旅でアメリカへ行ったとき、得意と思っていた英語が全く通じず、大変悔しい思いをしました。そのため、実践的な英語力を身に付けることを決意しました。帰国後、早速、大学の外国人講師などに積極的に話しかけ、日常生活の中で英語を聞き・話せる環境を自分から作ろうと努力するようになりました。今では海外の方々とも不自由なく会話ができるまで上達しました。

ここが ポイント	自己分析の結果を見ると「落ち込まない」とも言えますが、「悔しさを成長の糧にする」の方が、強くアピールできます。

◆自己分析のステップ

中学	学業。英語が好きだったが、テストの点数が予想より悪く、好きなだけではダメだと勉強し始めた。
高校	アルバイト。コンビニのアルバイトで店長に怒られて以来、誰にも負けない接客を目指した。
大学	アメリカへの１人旅。アメリカで英語が通じず、帰国後すぐに、英語の勉強に励んだ。

共通点	できないことから自分に何が必要かを学べる。

私はつらいことや悔しいことをバネにして、自分を成長させてきました。

仕事では失敗がつきもの。失敗から学べる人は高い評価が得られる

OK
自己PR

　私は失敗を糧にして、自分を成長させてきました。大学時代に打ち込んだESS（英語会）の活動では、学園祭で発表する劇の主役に抜擢されたにもかかわらず、緊張して台詞を忘れ、劇を台なしにしてしまいました。過去の発表会の中で最も大きな失敗だったのでショックでしたし、悔しい思いをしました。その後、なぜ失敗をしてしまったのか考えると、自分はそれまで「英語を話す」ことばかりに集中していて、「演技をする」という目的を見失いかけていたからだと気づきました。その経験から、演技の練習も重ね、翌年の学園祭では成功を収めることができました。

ここが
ポイント
失敗談でも学んだエピソードをしっかり話せればOK。中学や高校の話もありますが、より直近のESSの話がベストです。

◆自己分析のステップ

中学
ダンス部。発表会で振り付けを間違えて以来、復習を欠かさないようになり、失敗もなくなった。

高校
学園祭。準備の計画を立てたが最初はうまくいかず、スムーズに進むよう改めて計画を立て直した。

大学
ESSの劇で失敗したが、そこから失敗の原因を突き止め、翌年は成功を収めることができた。

共通点 失敗した原因を振り返り、次に生かせる

私は失敗を糧にして、自分を成長させてきました。

アルバイトなら 「困難な課題に対して 工夫をして乗り越えた」話を

　私は、うまくいかないことにもあきらめずに取り組み、工夫をして結果を出せるよう頑張ってきました。家庭教師のアルバイトでは、生徒とともに受験に取り組み、難関と言われていた高校に合格させることができました。途中、思うように成績が伸びず、生徒も私も悩んだ時期がありました。そこで、苦手科目克服のため、教材作りから工夫し、生徒と気持ちを1つにして頑張りました。先生のおかげですと連絡をもらったときには、思わず涙が出てしまいました。感動をくれた教え子に感謝するとともに、自分も一生懸命取り組んできたことが報われてうれしかったです。

ここが ポイント 「人のために行動できる」でもいいですが、「困難なことも工夫することで結果を出せる」方がより強くアピールできます。

◆自己分析のステップ

中学	ボランティアでの児童館訪問。参加者を集めるため、ビラ配りなどでボランティアを募った。
高校	バスケットボール部。最初バラバラだったため、チームワークを生む練習法などを工夫した。
大学	家庭教師のアルバイト。生徒の受験のため教材に工夫を加え、無事合格させることができた。

共通点	難しいことでも工夫して結果を出せる。

私は、うまくいかないことにもあきらめずに取り組み、工夫をして結果を出せるよう頑張ってきました。

「思い立ったことをすぐ行動に移す」 =飽きっぽい!? 「継続力」も合わせて語ろう

OK
自己PR

　私は、感じたことや考えたことをすぐ行動に移しています。約半年前、テレビの特集番組で、あるNPOが貧困で苦しむアフリカに教育施設をつくる活動を行なっていると知り、感動しました。その翌日からインターネットなどで活動について調べ、そのNPOに連絡をして詳しい話を聞きました。その後は、国内でできる団体の活動にボランティアとして参加しています。また、日々の生活の中でもお年寄りや体の不自由な方に声をかけ、できることは手助けしたり、勉強している教育学で、世界の教育問題なども調べたりするようになりました。

ここがポイント	思い立ったことをすぐ行動に移すだけでなく、今も続けている話はGOOD。ボランティアはアピールしやすいテーマです。

◆自己分析のステップ

中学	ゴミ拾い。地元の海に捨てられるゴミが気になり、その日からゴミ拾いを始めて、今も続けている。

高校	アルバイト。国内の文化を知るため1人旅をしたいと思い、バイトを始めて資金づくりに専念した。

大学	ボランティア。テレビで見たNPOに連絡を取り、現在国内でボランティア活動に参加している。

↓

共通点	思い立ったらすぐに行動。それを継続できる。

↓

私は、感じたことや考えたことをすぐ行動に移しています。

「縁の下の力持ち」タイプは地味だが、イメージは良い。胸を張ってアピールしよう。

　私は縁の下の力持ちとして、皆の心を1つにするのりのような役割をします。例えば、よく一緒に行動するグループの皆で旅行をするときなど、皆の希望を聞いてそれぞれの場所に関する資料を集めて検討できるように準備したり、待ち合わせ時間や場所の確認をしたりして、事前準備に力を注ぎます。また、普段もまめにメールや電話などで連絡を取るので、それぞれの人たちの本音を聞いたり相談を受けたりすることも少なくありません。グループとしていい方向を探ることができ、お互いに気遣い合える雰囲気が生まれていると思います。

ここがポイント 地味な下働きができる人は企業に必要な人材。友だちからも評価されている「縁の下の力持ち」という点は、立派な長所です。

◆自己分析のステップ

中学 陸上部。練習場所が狭かったため、部員全員がスムーズに練習できるようスケジュールを作った。

高校 飲食店でのアルバイト。手が足りない部門へ率先して入り、店が円滑に回るよう頑張った。

大学 友だちとの旅行。旅行に行く前に、旅行の計画や準備、最終的なチェックを行ない、友だちに感謝された。

共通点 縁の下の力持ち的役割にやりがいを感じられる。

私は縁の下の力持ちとして、皆の心を1つにするのりのような役割をします。

「きちんとノートを取る」を あなどってはいけない。 立派なアピールポイントになる

OK
自己PR

　私はやると決めたことはきっちりとやる主義です。例えば、大学で受講している講義には必ず出席し、きちんとノートを取るようにしています。そのために、日ごろの生活も規則正しくするように心がけています。クラスの中で、私のノートは友人から頼りにされています。中学生のころは人にノートを貸すのに抵抗がありましたが、最近は友人から感謝してもらうことも喜びの1つになっています。また、私はノート作りを工夫しています。ノートを貸した人の中には私のノートの作り方を参考にして工夫し始めた人がいて、それもとても嬉しかったです。

ここが ポイント	「ノートをしっかり取る」ことはあまりに日常的に思えるかもしれませんが、「継続力」「忍耐力」を示すうえで格好の材料です。

◆自己分析のステップ

中学	図書委員。毎日必ず図書室の整理を行なって、司書の先生に褒められたのが嬉しかった。

高校	読書。知識を増やすため1週間に1冊は本を読もうと決意し、3年間続けて、知識も豊富になった。

大学	ノート作り。講義には必ず出席して、しっかりノートを取ることを心がけ、友だちにも貸していた。

共通点	一度決めたことはやり通す継続力。投げ出さない忍耐力。

私はやると決めたことはきっちりとやる主義です。

ムードメーカーも
エピソードが伴えば
アピールにつなげられる

OK
自己PR

　私は困難なことに直面しても、常に前向きな気持ちを持ち続ける
ことができます。集団の中でも、ムードメーカーとしてチームの雰
囲気を盛り上げています。所属する水泳部では、1人ひとりの気持
ちが結果を大きく左右します。タイムが伸びない、体調が優れない
人がいるときこそ、場を盛り上げるように声をかけ、軽い冗談で暗
い雰囲気を払拭するようにしています。誰かが声を出し続けている
ことが、チームの雰囲気を大きく変化させ、結果が大きく変わるこ
とを経験しました。以来、意識的に声を出し、チームの雰囲気を良
くするよう行動しています。

ここが
ポイント

自分だけでなく仲間も盛り上げられる能力をアピールするのも
OK。エピソードに結果が伴うと、評価が得られます。

◆自己分析のステップ

中学	水泳。大会で「ダメかも」と思ったら負けた。翌年は「勝てる」と思い頑張ったら優勝できた。

高校	体育祭。綱引きでクラスが負けかけていたので、皆に声をかけ気持ちを盛り上げた結果、勝てた。

大学	水泳部。部内の雰囲気で結果が変わるため、声を出して明るい雰囲気作りを心がけている。

↓

共通点	常に前向き。ムードメーカー的役割にやりがいを感じられる。

↓

集団の中でも、ムードメーカー的な役割を担い、チームの雰囲気を盛り
上げています。

失敗を分析し目標を立てて
結果に結びつける。
その過程を、企業は見ている

OK
自己PR

　私は粘り強く物事に取り組むタイプの人間です。失敗してもそこから改善点を見いだし、具体的な目標を掲げたうえで取り組むことができます。1つの例が、英語の勉強です。英語が得意だと思っていた私は、初めて受けた TOEICが600点でショックを受けました。そこで、次回の目標を750点にし、弱点を分析、3カ月間メニューを決めて毎日勉強しました。その結果、3カ月後には750点をクリアできました。今の目標は、英語放送のニュースを字幕なしで理解できるようになることです。単語力を増やすため、英字新聞などで時事英語の勉強もしています。

ここがポイント	失敗から学び、目標を立てて努力することは社会人として不可欠。出せた結果は仮に小さくても、この姿勢を持つ人は評価されます。

◆自己分析のステップ

中学	合唱部。最初はうまく音を合わせられなかった。自主練習を繰り返して、できるようになった。

高校	学業。英語が好きなので字幕なしの洋画を観ることに。全然分からず、悔しくて毎日単語を10個覚えた。

大学	TOEIC。目標750点に向けて、3カ月間決めたメニューの勉強を毎日行ない、750点をクリアした。

共通点	具体的な目標を掲げて、粘り強く取り組める。

私は粘り強く物事に取り組むタイプの人間です。失敗してもそこから改善点を見いだし、具体的な目標を掲げたうえで取り組むことができます。

面接の2大質問②
「志望動機」の攻略法

「自己PR」とともに、面接で必ず聞かれるのが「志望動機」。
その企業に入社したいという思いがいかに強かろうと、思いを
上手に伝えられなければ、面接には通りません。
CHAPTER3では、面接担当者に熱意が伝わる「志望動機」の練
り上げ方をレクチャーします。

志望動機の基本	どの企業でも通用するような 志望動機ではどこも通らない

「志望動機」を考えるうえで、最初に頭に入れておかなければならないことは何でしょうか。「志望動機のイロハ」のイから説明します。

◆企業の長所を褒めるだけでは、面接は通らない

「なぜ当社を志望したのですか？」

「なぜこの業界に興味を持ったのですか」

「この会社に入ったら、どのようなことをしたいですか？」

　以上の質問はすべて「志望動機」を答えるべき質問です。学生の本心を知るために、面接担当者はさまざまな角度から志望動機を聞き出そうとします。面接で聞かれることは、誤解を恐れずに言えば、この「志望動機」かCHAPTER2で解説した「自己PR」か、どちらかでしかありません。この2つを押さえておけば、面接で聞かれることにはほぼ対応できると言っても過言ではないでしょう。

　面接担当者が、志望動機に関する質問から知りたいことは次の3点です。

> ●なぜあなたは当社に入社したいのですか
> ●当社であなたは何をしたいのですか
> ●当社であなたはどのような特徴や良さを発揮できるのですか

　ところが、実際は、多くの学生が、面接担当者が聞きたいことに答えられていません。ほとんどの人は、次のいずれかのタイプの志望動機を話しています。1つは、「将来性が高い」や「伝統がある」など相手企業の長所を褒めるだけの志望動機。もう1つは、社名だけ変えればどの企業の面接でも使えるような志望動機です。

　このような志望動機では、面接担当者は反応しません。面接担当者が聞きたいのは、「なぜ、当社で働きたいと思うのか」という疑問を納得させてくれる志望動機だからです。**自分だけの志望動機、その企業だけにしか**

通用しない志望動機を練らなければ、面接を突破するのは難しいのです。

志望動機の2大NG例

❶「うちの会社」の表面をただ褒めている

御社を志望したのは、成長力に魅力を感じたからです。御社は10年前の創業から右肩上がりで成長を遂げており、今では時価総額が1000億円を超え、ベンチャー大賞にも選ばれました。「新しい発想や行動の仕方で、世の中のためになるサービスを開発する」というコンセプトに大変共感しております。そうした環境で、ぜひ働きたいと考えております。

会社案内やホームページに簡単に目を通し、そこから拾ったキーワードだけで作ったのが見え見え。美辞麗句を並べても、面接担当者は喜びません。本当に聞きたいのは、あなたの気持ちなのです。

❷どんな企業にも当てはまって「うち」には当てはまらない

学園祭実行委員をしていたときの体験から「人とモノ」、「モノとモノ」を結び付ける仕事に興味を持ちました。ビジネスをするうえでは、すべての人やモノの間に、媒介としてのお金があります。私は、金融という仕事で媒介者として活躍したいと考え、御行を志望いたしました。

体験から志望動機を導き出しているという点では評価できますが、なぜA銀行でなければならないのかが伝わりません。「銀行であればどこでもいい」と聞こえます。

◆志望動機は、「自分」というフィルターを通して考える

　自分だけの志望動機を練り上げるためには、「自分」というフィルターを通して、しっかり考えることが不可欠です。

　具体的に言えば、会社案内やホームページなどにさっと目を通し、そこから拾ったキーワードだけでつくるのではなく、自分の足を使って、企業の情報を集めること。そのうえで、自己分析の結果を踏まえて、「なぜ入社したいのか」「その会社で何がしたいのか」「その会社で、自分はどのような特徴や良さを発揮できるのか」を考えます。そうすれば、必ず面接担当者の心に届く、自分だけの志望動機を語ることができるでしょう。

　この章では、企業研究や志望動機を練り上げる方法について、順を追って解説していきます。

73

業界・企業研究の基本　後悔しない就活のためには志望企業以外も研究する

業界・企業研究は、就活の段階別に2種類の方法で進めます。第1段階は、視野を広げるための業界研究です。

ポイント

- 「絶対にこの業界」と決めつけず、複数の業界をのぞこう
- さまざまな企業を見ることで、考えが変わることがある
- 嫌いだった業界・仕事が、自分に合っていることもある

◆広い視野で就活する方が、のちのちうまくいく

　面接担当者の心に届く志望動機を練り上げるには、志望企業をよく研究することが必要であることは、すでに述べました。

　しかし皆さんが、もしこの本を就活の前半戦で読んでいるなら、視野を広げる意味で、さまざまな企業の研究を行なうことをお勧めします。

　よく、就活の前半戦で「業界が絞れていない」と焦っている人を見かけます。ですが私は、最初は広い視野で就活する方がのちのちうまくいくと考えています。

　私がこれまでに数多くの学生を見てきた経験から言うと、最初に「絶対にこの業界なんだ」「絶対にこの企業じゃなきゃ」と言っている学生が、最後までその業界や企業だけを見て就活することは、ほとんどありません。就活を進めていき、自己分析と企業研究を掘り下げていく過程で、「実はこちらの方が、自分の目指すものだった」と気付くのはよくあることです。

　最初から盲目的に、例えば「出版業界じゃなきゃダメなんだ！」などと決め付けて就活すると、そうした気づきが得られなくなります。

　また、「なぜ、ほかの業界ではなく、出版なんだろう？」という比較検

討ができないまま、面接を迎えることになるので、志望動機も浅くなりがちです。

　まずは思い込みを排除して、さまざまな業界や企業の研究をしてみることが大切です。

◆食わず嫌いをやめたら、やりがいのある仕事に気づく

　参考までに、証券会社に内定した女子学生のHさんの例をご紹介しましょう。

　Hさんは、当初、「金融は絶対に嫌！」と"金融"業界アレルギーを起こしていました。これまで触れたことのない世界だっただけに、「毎日お金のことばっかり考えるなんて……」という気持ちがあったようです。

　しかし、「食わず嫌いはいけない」という気持ちで、一応、銀行、保険、証券業界について、合同説明会で情報収集していきました。

　すると、証券会社の説明会で「営業サポート」という仕事があることを知ったのです。証券会社の営業は過酷な仕事です。その過酷な仕事をこなすためには数値管理や書類作成などをバックアップしてくれる「営業サポート」が必要不可欠なのです。

　Hさんは自己分析の中で、部活のマネジャーに打ち込んだ自分をこう振り返っていました。「私は先頭に立って何かをやるようなタイプではない。でも、誰かが目的を果たすためにサポートするのは本当に得意だし、やりがいを感じる」。そんなHさんにとって、「営業サポート」は魅力的な仕事だったのです。

　彼女は証券会社を志望し、内定しました。入社後の今では、「私がいなければ営業が外に出られないんです」と、自分の仕事に誇りを持って取り組んでいます。

　最初の思い込みのまま、Hさんが最後まで金融業界の説明会に行かなければ、彼女は自分にピッタリの、今の仕事とは出会えなかったことでしょう。皆さんも、食わず嫌いで自分に合う仕事を見逃さないようにしてください。

　そのためにも、時間に余裕のある就活前半戦は、さまざまな方法で業界および企業の研究を進めていきましょう。

合同説明会には思わぬ出会いがある

業界・企業
研究の方法
①

視野を広げるための業界・企業研究で、非常に役立つのが「合同説明会」。
目当ての企業が出ていない説明会にも積極的に参加しましょう。

ポイント

- 就活の前半戦は、多くの合同説明会に参加しよう
- ノーマークだった企業が自分に合うことがある
- 本命業界・企業の素晴らしさに気づき、志望動機が深まる効果も

◆あなたの知らない優良企業がたくさんある

　視野を広げる業界・企業研究をするうえで、非常に役立つのが、「合同説明会」。複数の企業が集まって、自社のPRをするイベントです。『マイナビ就職EXPO』をはじめ、就活の前半戦では、多くの合同説明会や、業界団体・メディアが主催する「○○業界セミナー」が開催されます。

　合同説明会に行くと、当初は全く検討していなかった業界の企業もたくさんあることに気がつきます。今まで社名すら知らなかったけど、実は業界最大手で、世界的に活躍する優良企業もたくさんあるでしょう。

　こうした、今まで考えていなかった業界や企業の話を少しだけ聞いてみることも、自分の視野を広げるうえで重要なことです。意外なところから、自分のやりたい仕事ができる企業が見つかることもあるし、本命ではない業界の話を聞くことで、改めて本命業界の素晴らしさに気づき、それが志望動機の素になるのも、よくあることです。

　かなり早い段階から志望企業が決定している人は、全く同業他社の話を聞かないで合同説明会を後にすることが多いようです。しかし、同業他社の話を聞くことで目が覚めるような思いをすることもあります。時間の無

駄だと思わずに、最低でも１、２回は、足を運んでみましょう。

◆短時間で多くの情報を手にする３つの方法

　大きな合同説明会に行くと、「規模が大き過ぎて、何をどうしていいのやら……」という学生によく出会います。『マイナビ就職EXPO』のように、大規模なイベントならなおさらです。

　合同説明会にはたくさんの企業が集まっていますが、全部の企業の話を聞くことは難しいでしょう。ブースを訪れて、じっくり人事担当者の話を聞けるのは大体４、５社になります。

　あとは、下記の方法で情報をつかんでいきましょう。

１．パンフレットを集める

　話までは聞けずとも、パンフレットをもらうことは可能です。本当なら、それぞれの企業にまで足を運ばなければ得られないパンフレットが、合同説明会では一挙に収集可能！　この機会を逃す手はありません。

２．人事担当者と企業の雰囲気をつかむ

　じっくり話は聞けなくても、説明をしている人事担当者を遠目に眺めるだけでも雰囲気はつかめるものです。「まじめそうな人事担当者が多いな」とか「若手の人事担当者が明るい笑顔で対応しているな」とか、そういった雰囲気を感じ取ってメモしておくことも情報収集の１つです。

３．どこがリーディングカンパニーなのかをつかむ

　同業他社が複数集まる合同説明会に参加すると、いったいどこが人気企業なのか、どこが最大手なのかといった、業界内の順位が見えてきます。ほかの学生の集まり具合や熱気を感じ取ることも大切です。

**業界・企業
研究の方法
②**

身近なところでも
視野は広げられる

視野を広げるための企業・業界研究の方法は、合同説明会のほかにもいろいろあります。いくつかご紹介しましょう。

ポイント

- ・インターンシップはリアルな業界・企業を感じる絶好のチャンス
- ・バイト先や街中にも情報は転がっている
- ・内定したての先輩からも情報を集めよう

◆インターンシップは現場を知るためにはうってつけ

　企業で短期間就業体験をする「インターンシップ」は、最近、取り入れている企業が増えており、就活の業界・企業研究において大変有効です。興味のある業界・企業に直接飛び込むことのできるチャンスは、ほかにはなかなかありません。

　インターンシップそのものがオンラインで行なわれることも増えたため、学生はより多くのインターンシップに参加しやすくなりました。アルバイトとは違う「仕事の現場」を肌で感じることができるので、積極的に応募してください。参加する際にはオンラインインターンシップだからと言って気を抜かず、事前に送られてきた資料や課題には必ず取り組みましょう。オンラインインターンシップであっても、参加意欲や熱意も見られていることを意識して取り組むことがとても重要です。

　インターンシップに採用されたら、単に職場のお客さまになるのではなく、一緒に仕事をする人たちと積極的にかかわり、仕事や社会人生活のことなど、知りたいと思ったことをどんどん聞いてみましょう。そうすれば「自分は将来どのような社会人生活を送っていきたいのか」、「仕事にどん

なことを求めたいのか」といった考えが深まります。

　ひとつ勘違いしないでほしいことがあります。それは、**インターンシップを経験しただけでは、就活が有利になるわけではない**ということです。

　先輩たちの中で、インターンシップを受けて就活が有利になった人がいたとすれば、その人はおそらく、ただ参加しただけではないでしょう。インターンシップという制度を通じて誰よりも早く社会と触れ合い、自分なりの職業観や仕事観を確立させているはずです。

◆身近な場所でも「仕事」は見られる

　世の中にどんな仕事があるのか、自分はどういうことをしたいのかを考えるための情報源は、日常的に接している場面にもたくさんあります。

　例えば、アルバイト先。社員の人たちに、「どんなやりがいを感じているか」、「選んだ理由」などを聞いてみましょう。同じような仕事をしているようでも、アルバイトと社員では期待されていることや考えていることが大きく異なっているものです。きっと仕事への考え方の参考になる話が聞けるでしょう。

　また、自分が普段利用している店舗を、「そこで自分が働くとしたら」という視点で観察してみるのもいいでしょう。同業他社の店をいくつか比べてみるのも良い方法です。

　身近という意味では、「内定を獲得した先輩」も大いに活用すべき。先輩たちが就活のことを忘れてしまう前に、なるべく早い段階で、内定を取った企業のことや、企業研究や自己分析の方法などについて、根掘り葉掘り聞いておくといいでしょう。

　注意したいのは、内定を取るための"テクニック"を聞いても意味がないということ。**就活には、「これをすれば受かる」という王道はありません。**

　それよりも重要なのは、「思考の過程」を細かく聞くことです。自己分析なら「どんな方法で、何を考えていったのか」、面接での質問の答え方なら「どのような質問に、どういう過程で考え、どう答えたのか」。それらはあなたが自己PRや志望動機を考えるうえで、非常に参考になります。できれば、就活のときに使っていたノートやメモ、エントリーシートの下書きなども見せてもらいながら、具体的に聞くといいでしょう。

会社説明会で 生きた情報を得るには?

めぼしい企業が出てきたら、個々の会社説明会に参加しましょう。その際、漫然と参加するのではなく、いくつかのポイントを意識してください。

ポイント

・会社説明会に臨む前は下調べを済ませておくこと

・ただ質問をしてもアピールにはならない

・出入りする人や会話などの雰囲気から、真の姿をつかみ取ろう

◆会社説明会は勘違いや疑問を解消する場

　気になる企業が出てきたら、個々の企業が開催する会社説明会に参加しましょう。役員クラスから若い先輩までさまざまな社員の方の話を聞くことができ、詳細な情報を得ることができます。

　会社説明会は合同説明会と異なり、事前のエントリーが必要なこともあるなど、選考に進むための第1段階と位置づけている企業もあるので注意してください。

　また、いくら会社のことを知る場だとはいえ、何も知らないままでは現場でまごついてしまいます。下調べは必須と心得ましょう。主な事業内容や仕事内容など、公開されている情報はきちんと把握し、そのうえで、「どんなことを知りたいか」を自分なりに考えて臨むことで、勘違いを正すことができたり、疑問を解決できたりします。質問も、必要ならばどんどんしてください。ただし「選考につながる場だから、質問をして自分をアピールすることが大切」ということではないので、勘違いしないでください。会社説明会は、あくまで応募者の学生が会社のことを正しく認識して、本気で志望したいと思うかどうかを確認する場なのです。

◆企業を見極めるための４つのチェックポイント

　もっとも、会社説明会で語られることは、表向きの情報であることも事実です。その企業が自分に合っているかどうかを見極めるためには、次の４つの方法で生きた情報をつかみましょう。

１．人の出入りから情報を得る

　本社などで説明会や面接が行なわれる場合、どういうタイプの人たちが多く出入りしているのかを見ると、その企業の社風が分かります。

２．社員の人たちの態度、服装から情報を得る

　すれ違う社員の人たちの態度や服装にも注目してみましょう。多くの人があいさつの声をかけてくる企業は、風通しがいいと判断できます。

３．フロアの雰囲気を察知する

　机の配置の仕方や、職場の整理整とんの仕方などで、企業の傾向が見えてくることがあります。

４．エレベーターやトイレなどでの会話を参考にする

　話の内容に聞き耳を立てるのは失礼ですが、お互いをどのように呼び合っているか、言葉遣いや声のトーンなどからも社風が見えてきます。

オンライン説明会の録画配信に要注意！

　説明会もオンラインで行なうケースが増えてきています。録画したものを配信する場合とライブ配信の２パターンがありますが、ライブ配信ではきちんと見ていても、録画配信になると２倍速で見たりする人がいます。でも、そこには大きな落とし穴が。録画配信は、その学生がきちんと最後まで見たか、企業が確認できる場合があります。また、最後にアンケートがついているなんてことも。「感想をお送りください」といった案内が出て、そのアンケートが選考に影響してくることもあります。オンライン就活になってから、企業は学生の志望度合いを非常に気にしています。たかがアンケートと思うかもしれませんが、企業にとっては志望意欲を測る重要な指標になるのです。録画配信も必ず最後までチェックして、チャンスを逃さないようにしましょう。

| 業界・企業 研究の方法 ④ | # OB・OG訪問で 成功する人、失敗する人 |

OB・OG訪問は先輩社員から生の情報が得られるまたとないチャンス。
漫然と訪問するのではなく、準備をしてから臨みましょう。

- ・活字では分からないところを解決する
- ・先輩の働き方はもちろん、就活の方法なども聞いておこう
- ・先輩のパーソナリティーについても下調べをすることが最低限の礼儀

◆有意義なOB・OG訪問にするためには、準備が大切

志望業界や企業がはっきりしてきたら、その企業の「OB・OG訪問」を
するといいでしょう。先輩社員からその企業の生の情報を聞くことで、本
当に自分に合っているのかどうかが分かります。

また、OB・OGに聞いた話は、のちのち自分の志望動機の核になること
が少なくありません。チャンスがあれば、積極的に行なってください。

ただし、漫然と先輩に会うだけでは、有意義なOB・OG訪問にはなりま
せん。次の4つのポイントを意識しましょう。

1．活字では分からないところを解決する

会社案内に書いてあること、ホームページに書いてあることをOB・OG
に聞いているようでは、時間の無駄です。それに、学生からそんな基本的
すぎる質問をされれば、OB・OG側も「ああ、この人は全然うちの会社に
ついて研究していないんだな」と感じて、ちっとも話に身が入らなくなり
ます。相手は忙しい社会人なのですから、大変失礼です。

資料に書いてあることは事前に読み込んで、そのうえで分からないこと
を質問したり、自分の感想を聞いてもらったりするのがOB・OG訪問です。

事前に下調べをして、ノートに質問事項を書きとめておきましょう。

2．その先輩がどういう働き方をしているのかを聞く

　同じ業界にいる同じ職種の2人のOBに会ったら、それぞれの企業で、彼らがどういう働き方をしているのかを聞いてみましょう。

　同じ職種でも、その企業ではどういう働き方ができるのかを確認することで、その企業での将来像があなたの思い描くものに近いかどうかを判断できます。

3．その先輩がどんな就活をしていたのかを聞く

　業界や企業の話ばかりして、これを聞かずに帰ってしまう人が多いのですが、とてももったいないことです。

　相手は同じ大学を卒業し、あなたの志望企業の内定を勝ち取っている人。そう考えたら、その先輩がどんな就活をして内定を取ったのか、聞かずにはいられないはずです。

　OB・OG訪問では、以下のことを確認しましょう。

・どういう方法で情報収集していたか

・どういう視点で企業選びをしていたか

・最終的に今の企業に決めた理由は何だったのか

　これらを先輩から聞き出すことで、自分が今、考えなければいけない項目が見つかります。自分では「まんべんなく考えている」と思っていても、第三者から見れば「ここが抜けている」ということはよくあるものです。少なくとも、内定を獲得した先輩が就活当時に考えていた項目は、必ずすべてについて自分も考えておくべき最低限のこと、と心得て。漏れのないように確認しておきましょう。

4．先輩のバックグラウンドも調べる

　OB・OG訪問の準備をするときは、その業界や企業のことだけではなく、これから会う先輩のバックグラウンド（例：何学部に在籍していたか、どんなクラブに入っていたのか、どんなアルバイトをしていたのかなど）についても、調べておくようにしましょう。

　何も調べずに行くと、相手に、「自分は単に情報を引き出すための手段であり、本当は興味がないのか」と思われてしまいます。相手のことを知っておくのは、最低限の礼儀です。

業界・企業研究の方法⑤ 意外と盲点になっている 2つの企業研究の手段とは?

志望企業の商品やサービスを利用するのは、企業研究の基本ですが、意外と盲点でもあります。また取引先にも注目したいところです。

・志望企業の商品やサービスは必ず利用する

・同業他社の商品と比較することで、特徴が分かる

・「取引先」を使った情報収集で、真実が見える

◆その企業の商品、使ったことありますか?

　業界・企業研究をするに当たり、意外と多くの学生がしていないことがあります。それは、「志望企業の商品やサービスを利用する」ことです。

　実際に利用すれば、その企業への志望動機にリアリティーが出てきます。逆に言えば、全く利用したこともないのに、「その企業に入りたい」というのも、おかしな話です。

　エンドユーザーを相手にしたビジネスをしている企業であれば、その企業が世の中に提供している商品やサービスを使えるはずです。食品、化粧品、文具などの日用品はもちろんのこと、書籍や広告、それに交通機関や通信システムも、使用できる商品と言えます。

　店舗展開をしている企業であれば、実際にそのお店に行ってみることが大切です。百貨店やコンビニ、アパレル、ホテルなども、実際にその企業のお店に足を運ぶことで得られるものは多大です。

　足を運んで、現場の様子を確認する。それだけでなく、場合によってはあなたがお客さまとして先輩社員と接することで、その企業のさまざまなことが見えてくるでしょう。

さらに言えば、志望企業の商品やサービスだけでなく、同業他社の製品を使ったり、店舗を見学したりすることも有効です。同業他社と志望企業を比較することで、より鮮明に志望企業の特徴が見えてきます。

◆「取引先」に注目してみよう

企業研究をしていると、個性が似通っていて、違いが見えにくい企業がたくさんあることに気づきます。「Ａ社とＢ社の違いはどんなところにあるのだろう？」と、一生懸命パンフレットやホームページなどの情報を読み比べてもなかなか分かりづらい、というのが本音だと思います。

そんなときは、「取引先」に注目してみましょう。

多くの企業の会社案内では、「主な取引先」などの情報が掲載されています。意外と学生は注目しない項目ですが、どういう企業とのかかわりがあるのかによって、その企業の体質が見えてくることがあります。

例えば、官公庁などをはじめとした比較的堅いイメージの強い取引先が多い場合、仕事の進め方も手順を踏んでしっかり行なうことを求められる傾向があると考えられます。逆に、取引先の多くが変化の激しい分野である場合は、仕事の速さや新しいアイデアを提案することをより求められている可能性があります。そんなちょっとした情報を比べるだけでも、同業他社の企業風土が見えてくるものです。

もちろん、実際にそれぞれの企業で仕事をしている人に話を聞くことも参考になります。

正直に、「Ｂ社との違いはどういうところなんでしょう？」と聞いてみるのもいいでしょう。その業界の中にいる人だからこそ分かる、仕事の違いや企業体質の違いを教えてもらえるはずです。

また、聞いたときの対応そのもので、「風通しがあまりよくない」などといった、その先輩が働く企業の体質も垣間見られるものです。

誰でも説得力のある志望動機が書ける5つのプロセス

志望動機の練り上げ方

一通り企業研究を終えたら、いよいよ志望動機を書いてみましょう。5つのプロセスを踏むだけで、説得力のある志望動機のひな形が完成します。

◆すべて書き込めば、志望動機ができあがる！

企業研究を着実に進めたら、次は志望動機を書いてみましょう。

面接担当者が、志望動機を通じて、学生から聞き出したいことは、次の3つです。

●なぜあなたは当社に入社したいのですか
●当社であなたは何をしたいのですか
●当社であなたはどのような特徴や良さを発揮できるのですか

これをさらに細分化すると、次の5段階のプロセスに分けられます。

①なぜその業界に興味を持ったのか
②なぜ同じ業界の他業種ではなく、この業種なのか
③なぜ数ある同業他社ではなく、この企業なのか
④この企業で、何がやりたいのか
⑤そのやりたいことに対して、自分の強み・良さをどう生かせるか

業界研究や自己分析の内容を踏まえながら、この5つの項目を記入しましょう。すべて書き込むことができれば、この5項目は、別々のものではなく、それぞれ連動しています。

きちんと⑤まで書くことができ、客観的に見て納得がいくものであれば、あなたオリジナルの、その企業のためだけの、説得力のある志望動機になっているはずです。

これをきれいに文章化しておけば、面接の場で、説得力のある志望動機が話せるでしょう。

志望動機をまとめるプロセス（例）

❶ なぜ、金融業界に興味を持ったのか

----

❷ なぜ（保険や証券ではなく）銀行に興味を持ったのか

----

❸ なぜ（保険や証券ではなく）銀行に興味を持ったのか

----

❹ そのA銀行で何がやりたいのか

----

❺ そのやりたいことに対して、自分の強み・良さをどう生かせるか

----

　①〜⑤の流れは、最初からスムーズに書けなくても構いません。まずは好きなように書いてみて、あとからまとめていきます。

　どうやって書いていいか分からないという人のために、次のページで、①〜⑤の記入例と書き方のポイントをご紹介します。参考にしてください。

志望動機の5プロセスの記入例

　志望動機の基になる5つの項目は、どんなことを書けばいいのでしょうか。ここでは銀行志望の学生を想定し、記入例としています。参考にしてみてください。

❶ なぜその業界に興味を持ったのか

➡業界に興味を持つ背景は何でもかまいませんが、学生時代に打ち込んだことと関連していると、自己PRと統一感が出やすくなります。

例 ●塾講師のアルバイトで、生徒やその親から感謝される喜びを知った。また、仕事をするうえで何よりも大切なのは相手との信頼関係だとアルバイトを通して感じた。将来も信頼関係を構築し、人の役に立つ仕事がしたいと思っている。

●塾講師のアルバイトでは、自分が勉強していないと教えることができなかった。常に勉強して自分のスキルがアップするのが楽しいと感じる。銀行に内定した先輩から、「内定直後から資格取得の勉強がある」と聞き、逆にそれが魅力となった。

●いろんな考え方を持った人と共同作業をするのが好き。特に学園祭実行委員をやりながら、それを感じていた。だから、さまざまな分野とかかわりができ、自分の力が多方面で活用される可能性のある金融は面白いと思う。

●お金は社会の根幹だと思うので、それに詳しくなることは強みになると思う。

❷ なぜ同じ業界の他業種ではなく、この業種なのか

➡「金融業界の中でもなぜ銀行なのか」「流通業界の中で、なぜデパートなのか」。業界研究で調べた業種の特性をもとに、考えてみましょう。

例 ●銀行は預貯金や貸出だけが業務ではなく、投資信託や保険などさまざまな業務がある。また、金融業界以外にもさまざまな業種の人とかかわり合うことが必須の仕事だと知った。だから、さまざまな業種、いろんな立場の人をサポートできるところに魅力を感じた。

●銀行には常に、さまざまな情報が入ってくる。その情報からビジネスチャンスを探すのも仕事の1つだと知った。情報とお金を結びつけて、新しいものを生み出してみたい。

●銀行の扱う商品は形のないものばかり。だからこそ、最終的には人間同士の信頼関係が大切になる。人と人との信頼関係は、自分が学生生活でも大切にしてきたもの。

❸ なぜ数ある同業他社ではなく、この企業なのか

➡ こちらは、企業研究で調べたことを基に書いていきます。改めて志望企業と同業他社との比較をしてみると良いでしょう。

例 ● A銀行はメガバンク。取引企業の一覧を見たら、非常に多岐にわたる業界との取引があった。さまざまな分野とかかわりたい自分には合っている。
● A銀行のOBにお会いしたところ、上司にも意見の言える風通しの良い風土であることが感じ取れた。新しいものを生み出すために、若いうちからどんどん自分の意見を言っていきたいと考えている自分を生かせるのではないだろうか。
● 新聞で、A銀行は今後リテールに力を注ぐという記事を読んだ。何よりも人間同士の信頼関係を大切にしてきた自分は、まずは個人営業からスタートしてみたいと希望している。

❹ この企業で、何がやりたいのか

➡ ①〜③で書き出したことと、自己分析で明らかになった「自分はどんなことに興味があるのか」などを踏まえて、考えてみましょう。

例 ● まずは多くの個人と信頼関係をつくりたいのでリテール業務に挑戦したい。
● 融資の提案や情報のやり取りを通じて、お客さまとともに自分自身も喜びを感じたい。
● ゆくゆくは、情報と資金を結びつけ、新しいビジネスモデルを世に打ち出すような業務にかかわりたい。いつか、ベンチャー企業支援をしてみたい。

❺ そのやりたいことに対して、自分の強み・良さをどう生かせるか

➡ 自己分析で出てきた「自分の特徴や良さ」を振り返りながら、それらがやりたいことにどうリンクするかを考えてみてください。

例 ● 人との信頼関係をつくることを何よりも大切にし、信頼関係をつくるには何が大切なのかを理解していることが自分の強み。そして、「誰かの役に立ちたい」と真剣に思っていること。これらは、リテール業務でも、ベンチャー支援でも必要不可欠なことだと思う。
● スキルアップしている実感を得るのが大好きで、勉強の苦労を惜しまないのが自分の良さ。常に新しい情報を仕入れ、また法律や金融システムの勉強を積んでいなければ務まらない銀行の仕事なら、やりがいを感じながら取り組むことができると思う。

| 志望動機
実例 | # 面接担当者に好印象を与える
「成功する志望動機」 |

面接担当者が「この学生と一緒に働きたい！」とほれ込む志望動機とは？
自己分析と業界・企業研究から導き出した、20の文例をご紹介します。

ポイント

・「業界・企業研究」と「自己分析」を組み合わせる
・業界ならではのポイントを知って、応用する

◆5つのプロセスを文章にまとめる！

　これまでのページで、志望動機を練り上げるための考え方についてご紹介しましたが、いざ文章にまとめようとすると苦労するという人は少なくないでしょう。

　「5つのプロセスから、どのポイントをピックアップすれば、面接担当者から高い評価が得られるのか」

　「業界・企業研究や自己分析をどう反映させればよいか」

　「どのような書き方をすると、熱意が伝わるのか」

　こうしたポイントを押さえつつ、スピーチの文体に直すのは慣れないとなかなか難しいものです。

　そこで、書き方のコツをつかんでもらうために、「成功する志望動機」を20例、用意しました。

　実例は、いずれも5つのプロセスから組み立てています。読み進めるうちに、5つのプロセスから文章を組み立てる方法が、つかめてくるはずです。また、業界ならではのポイントが分かるように、複数の業界の例を取り上げました。

　これらを参考にしながら、志望動機を書き上げてみてください。

「お客さま本位」を軸にうまくまとめ上げる

> 今後の自分の資産に対して自己責任が問われる時代となりましたが、預金でお金を増やすことは難しい状況です。銀行は最も身近な金融機関であり、最近は証券や保険も売れるようになりました。銀行で信頼される人間となれば、多くのお客さまの資産について一緒に考えることができます。システム統合が最も早く、多くの社員がお客さま本位の考えを持つ御行で働きたいと強く志望しております。専門的な知識を身に付け、より魅力的な人間になりたいと考えています。

ここが ポイント　業界研究・企業研究の中で得た「お客さま本位」という1つのキーワードを軸に、全体をうまくまとめています。

❶ なぜ金融業界に興味を持ったのか
- 就活を始めて、生活に必要不可欠なお金に興味を持つ。不景気に左右されない自己資産の管理について、特に興味を持った。

❷ なぜ金融業界の他業種ではなく、銀行なのか
- 業界研究をして、銀行が最も身近な金融機関であることを改めて知った。最近では、証券や保険に興味を持つ人が多く、買う人も増えていることも分かった。

❸ なぜ数ある同業他社ではなく、この銀行なのか
- OB訪問をして、実際に働いている人に話を聞くと、ホームページにあった「お客さま本位の考えを持つ」ことがリアルに実践されており、社員の多くが誇りを持って働いていることが分かった。

❹ この銀行で何がやりたいのか
- 「お客さまの資産の管理や運用をする」という銀行の仕事

❺ ❹に対し、自分の強み・良さをどう生かせるか
- 人の心をおもんばかって行動することができる。その特徴を生かせば、お客さま本位の仕事ができる

実際に行動したことが「誠実さ」の裏付けに

資産運用コンサルティングに興味があり、それが実現できる金融機関に携わりたいと思いました。金融業界の垣根が低くなってきていますが、最も伝統的なノウハウを持つのは御行だと思い志望しました。業務が豊富なので、1人ひとりの目的に合わせて、お客さまに合った商品が提供できるところに魅力を感じています。会社説明会と先輩訪問、支店見学を通じて、若い社員の方々が責任を持って業務に取り組む姿を見たことも、御行に引かれた理由の1つです。

ここが ポイント 店舗見学までして、自分の足で志望動機を練り上げています。それによって自己PRにもある「誠実さ」が伝わります。

---

❶ なぜ金融業界に興味を持ったのか
- ●経済学部経済学科在籍中で、ゼミの専攻は貨幣論。経済学を学んで、資産運用に興味を持つ。

❷ なぜ金融業界の他業種ではなく、銀行なのか
- ●普通預金から投資信託まで、安定的な資産運用手段を最も広く提供できる金融機関は、銀行だから。

❸ なぜ数ある同業他社ではなく、この銀行なのか
- ●長い歴史に裏付けられた資産運用ノウハウがあるから。
- ●新宿支店に見学に行ってみた。資産運用相談窓口では、1人のお客さまにかなりの時間を取っていることが分かった。

❹ この銀行で何がやりたいのか
- ●多くのお客さまと信頼関係で結ばれるような仕事がしたい。

❺ ❹に対し、自分の強み・良さをどう生かせるか
- ●人との約束はきちんと守る誠実な人柄は、資産運用コンサルティングでお客さまの信頼を勝ち取ることにつながる。

基本プロセスに忠実につくり上げた志望動機

成功する志望動機 vol.3・銀行志望

> 今後は誰しも自分の資産管理を考える必要があると思います。そんな中でお客さまが納得して資産管理を行なうためには、新しいアイデアをもとにしたサービスが求められると思い、金融業界を志望しました。銀行を選んだのは、一般のお客さまに最もなじみのある機関であり、今後、よりお客さまの信頼を勝ち取る必要があると感じたからです。御行を志望したのは、長期的な資産管理に対してお客さまの立場に立ち、積極的に取り組む姿勢を感じたからです。

ここがポイント ①～⑤の基本プロセスがしっかり志望動機に反映されています。新アイデアがなぜ必要かを語れると、さらにいいでしょう。

❶ なぜ金融業界に興味を持ったのか
- さまざまな人と会える仕事がしたい。
- 父も銀行マンだった。

❷ なぜ金融業界の他業種ではなく、銀行なのか
- 同じ金融業界はもちろん、メーカーなど、さまざまな方とお会いできるチャンスがある。
- お客さまのニーズに合わせて柔軟な対応ができる。

❸ なぜ数ある同業他社ではなく、この銀行なのか
- OB・OG訪問で、預金だけではなく、長期的な資産管理に対してお客さまの立場に立ち、積極的に取り組む姿勢を感じた。

❹ この銀行で何がやりたいのか
- どのようにすれば、相手の状況が良くなるかというアイデアを考える仕事がしたい。

❺ ❹に対し、自分の強み・良さをどう生かせるか
- 障害者の旅行をサポートするボランティアによって、お客さまのニーズを汲みながら、柔軟に対応する力が身に付いた。この経験を生かせば、お客さまのお役に立てる。

自己分析で導き出した長所と上手にリンクさせる

成功する志望動機 vol.4・損害保険会社志望

「人の生活を支える」という点で、損害保険業界に魅力を感じています。私は、サークル活動で副部長という役割を果たしてきました。副部長は、縁の下の力持ち的な立場で組織を支える役職ですが、皆が笑顔でいる姿を見ることで、喜びや充実感を得ることができる私には、まさしくぴったりでした。そんな私にとって、世の中の潤滑油であり、同時に社会を支える縁の下の力持ちである損害保険業界で働くことはやりがいがあり、成長できる場にほかなりません。

ここがポイント 自己分析が生きている志望動機です。なぜ保険なのか、その理由が自分の特徴を通して語れています。

---

❶ なぜ金融業界に興味を持ったのか
　●物より、形のないものを売る仕事に興味があった。

❷ なぜ金融業界の他業種ではなく、損害保険会社なのか
　●社会を裏から支える仕事であり、見えないところで役立つ仕事だから。自分の性に合っている。

❸ なぜ数ある同業他社ではなく、この企業なのか
　●損害保険会社の中でも、顧客対応の良さに定評があった。

❹ この損害保険会社で何がやりたいのか
　●代理店を広くサポートすること。保険販売は代理店を通して行なっており、自分では売れないことを知った。代理店の販売員は年齢や専業・兼業などさまざまな人がいるので、営業のサポートが必須。

❺ ❹に対し、自分の強み・良さをどう生かせるか
　●テニス部の副部長を務める。ときには部長をサポートするために嫌われ役を買って出ることも。裏から支えることは得意。代理店のサポートをするうえで生かせる資質だと思う。

家族の闘病体験を話すことで説得力を高める

成功する志望動機 vol.5・生命保険会社志望

> 　私は今まで、人をサポートすることに喜びを感じ、今後もそうした仕事に就きたいと考えました。その中で、女性にとって重要な「がん保険」に強い御社に、興味を持ちました。実は10年前に母ががんになり、保険に助けられたことがあります。医療保険やがん保険など生命保険を上手に使えば、多くの人をサポートできると考えています。お客さまの喜びは、私自身の喜びにもつながり、誇りを持って仕事に取り組めると思います。

ここが ポイント	なぜ「がん保険」を取り扱いたいのか、自分の経験や考えを話しているので、説得力があります。

❶ なぜ金融業界に興味を持ったのか
- ●自分の母親がかつてがんにかかり、保険のお世話になったから。
- ●合同説明会で話を聞いておもしろそうだと感じた。

❷ なぜ金融業界の他業種ではなく、生命保険会社なのか
- ●保険というと万一のときのためのもの、と思いがちだが、最近では人生をトータルで考えた生活設計に応えることが必要とされている。それができるのは生命保険。

❸ なぜ数ある同業他社ではなく、この企業なのか
- ●2社が合併し、より効果的な営業活動ができるようになったとのこと。規模の大きい企業で働くのはやりがいがありそう。全員女性の部門があり、女性の管理職も少なくないなど、女性である自分が働くうえで、実力を発揮できそうな環境だと感じた。

❹ この生命保険会社で何がやりたいのか
- ●女性特有のがんを手厚くサポートするなど、女性ならではの視点で仕事をしたい。また、母の件から、お客さまにも親身になれると感じている。

❺ ❹に対し、自分の強み・良さをどう生かせるか
- ●ファストフード店のアルバイトを3年間続けている。現在はチーフで後輩のサポートにやりがいを感じる。サポート業務に向いていると思う。

CHAPTER 3

面接の2大質問② 「志望動機」の攻略法

「社員の言葉に感動した」は理由を具体的に

成功する志望動機 **vol.6**・証券会社志望

　　自己を高められる環境で働きたいと考え志望しました。私は塾講師のアルバイトをしています。生徒に合った指導を工夫することで、生徒が選ぶNO.1講師に選ばれました。会社説明会で「命の次に大切な資産を預かるのだから責任重大。認めていただいたときには今までのつらいことを忘れられる」というお話がありました。私はアルバイトを通じて、努力したことで他人から信頼されることが何よりの喜びだと知っています。御社の仕事も同じだと強く感じ、志望しました。

ここが ポイント	「社員の言葉に感動」という志望動機は多いですが、重要なのは理由を具体的に話すこと。この例はしっかりと語れています。

❶ **なぜ金融業界に興味を持ったのか**
　●証券会社の女子学生向けセミナーに参加して、先輩社員の言葉に感銘を受けた。

❷ **なぜ金融業界の他業種ではなく、証券会社なのか**
　●直接金融が注目される中、証券会社は個人を含めた投資家が資本市場に直接参加する際、その手続きの担い手となるパートナーであり、責任重大な存在。

❸ **なぜ数ある同業他社ではなく、この企業なのか**
　●実力主義で、能力のある人は、いくらでも活躍できるフィールドが与えられている。

❹ **この証券会社で何がやりたいのか**
　●向上心あふれる人たちの間で働きたい。責任重大な仕事に取り組んで成長したい。

❺ **❹に対し、自分の強み・良さをどう生かせるか**
　●アルバイトの塾講師では、努力の末、人気講師になった。このアルバイトによって培った「たゆまず努力する姿勢」は、お客さまの大切な資産を預かる仕事に不可欠だと考える。

何をつくりたいか、具体的にアイデアを話す

成功する志望動機 vol.7・食品メーカー志望

> 私はピアノが得意です。自分のつくり出す音で皆に喜んでもらってきました。ですから、自分がつくり出すもので多くの人に喜んでもらうことを目標にしています。私は御社の「五感で食を楽しむ！」というコンセプトに共感しています。色や香りだけではなく、「食べたときの音にこだわる」など、五感で楽しめる食を提案できれば、お客さまの欲求に応えられると考えます。自分たちのつくり出すもので多くの人に喜んでもらえる仕事がしたいと思いました。

ここが ポイント　「どんなものをつくって喜ばれたいか」について、具体的に言及している点はOK。多くの人はアイデアを言わないものです。

❶ **なぜ食品業界に興味を持ったのか**
- ●園芸部で植物に触れ、命と食の関係に興味を持ったこと。

❷ **なぜ食品業界の他業種ではなく、この食品メーカーなのか**
- ●日々の食事に欠かせない食材を扱っているから。

❸ **なぜ数ある同業他社ではなく、このメーカーなのか**
- ●大型スーパーに行き、同社の製品を見つけられるだけ購入し、調理した。キーワードは「五感で食を楽しむ！」。パッケージや中身も含めて、見た目へのこだわりも分かった。

❹ **この食品メーカーで何がやりたいのか**
- ●空腹を満たすだけではない、人生を楽しくするのも食の役割であることをよくご存知の企業だと思った。そのような感性を問われる仕事に取り組みたい。

❺ **❹に対し、自分の強み・良さをどう生かせるか**
- ●人を喜ばせるものを生み出すことには工夫や努力を惜しまない姿勢を、ピアノによって培った。この姿勢は、モノ作りをするうえで役立つのではないか。また、感性も、ピアノが育んでくれたものだと感じている。

部活動の地味な経験でも、志望動機につながる

> 　私は中学時代から陸上を続け、大学時代にマネジャーに転向しました。その経験を通じ、器具の管理をする中で、スポーツ用品に興味を持ちました。競技の結果は、道具のわずかな差で決まります。良い製品を提供することで選手と喜びをわかち合えるのは、マネジャーの仕事と共通していると感じ、御社で働きたいと強く思いました。スポーツで培った体力とマネジャーで学んだ計画性の大切さを生かして、営業として走り回り、多くのお客さまに喜んでいただきたいと考えています。

**ここが
ポイント**　堅実なマネジャー経験から得たものを、志望動機としっかり結び付けることで、説得力を生み出しています。

---

❶ なぜスポーツ業界に興味を持ったのか
●スポーツ好き。中学校から陸上部に所属し、途中、選手からマネジャーに転向して、選手のサポートに務めた。

❷ なぜスポーツ業界の他業種ではなく、スポーツ用品メーカーなのか
●マネジャーの仕事で新聞のスクラップをするうち、スポーツ用品に興味を持った。

❸ なぜ数ある同業他社ではなく、このメーカーなのか
●中学時代から、この企業の製品はよく知っていて、使ったこともある。プロや上級者向けの製品を多数リリースしているメーカー。チャレンジ精神を重んじる企業風土にも好感を持っている。

❹ このスポーツ用品メーカーで何がやりたいのか
●営業職でも顧客のニーズを商品開発に伝え、そこから新製品が開発されることもある。自分の好きな分野にかかわってずっと仕事をしたい。

❺ ❹に対し、自分の強み・良さをどう生かせるか
●体力と、マネジャー経験で培った計画性には自信がある。どちらも営業の仕事に生かせると思う。

志望企業の商品を1つひとつ調べ、志望動機に反映

成功する志望動機 vol.**9**・自動車部品メーカー志望

　　自動車が好きな私は、高性能で細かな配慮が行き届いた日本車が世界中でもっと評価されることを、日々願っています。趣味と実益を兼ねて自動車のパーツを1つひとつ調べる間に、御社の高い技術力を知ることとなりました。私自身がほれ込んだ魅力ある製品を最大の武器に、新たな市場開拓をしたいと考え、御社を志望しました。以前、雑誌で御社の記事を拝見したとき、社員の方々が自社の製品について誇りと夢を語る姿を見て、私も皆さんと一緒に仕事がしたいと強く思いました。

ここが ポイント　車好きで自動車メーカー志望は多いので、差別化が必要。パーツを自分で調べて志望度が上がった点は、高く評価できます。

❶ なぜ自動車業界に興味を持ったのか
　●車が好きでアルバイトで貯めたお金でマイカーを手に入れたとき、ものすごくうれしかった。友だちと自動車ショーを見に行き、日本の中核産業だと肌で感じた。

❷ なぜ自動車業界の他業種ではなく、自動車部品メーカーなのか
　●自動車業界は変革の時期。部品はさまざまなメーカーに影響を及ぼす。世界的な再編も進む激動の業界に飛び込みたい。

❸ なぜ数ある同業他社ではなく、この部品メーカーなのか
　●品質の高さにほれ込んだから。大手自動車メーカー2社が出資してつくった老舗の部品メーカーで、現在は製品の20%を海外メーカーへ輸出している。現在、燃料電池車のパーツを開発中。

❹ この自動車部品メーカーで何がやりたいのか
　●優れた部品をもっと多くのメーカーに採用してもらうよう、営業がしたい。

❺ ❹に対し、自分の強み・良さをどう生かせるか
　●好きなことはとことん調べる探究心によって、多くの部品に精通し、最適な部品を提案できる営業マンになれる。

「人に魅力を感じた」 なら必ず根拠を添える

成功する志望動機 vol.10・総合商社志望

　私は、御社が扱う「素材」の分野に興味を持っています。6年間水泳を続けている私は、最新の競泳水着を通して「素材」の持つ力に強く興味を引かれました。完成品メーカーとは異なり、御社では営業でも企画・提案ができ、モノ作りにかかわることができるということを、興味深く感じました。さらに、私は何よりも御社で働く人に魅力を感じました。実際に説明会に参加し、多くの社員の方と接する中で、雰囲気がとても温かく、社員が一丸となっている印象を受けたからです。

ここが ポイント	「御社の人に魅力を感じた」はよく聞くセリフ。必ずその理由を自分との接点をポイントに語ること。真実味が増します。

❶ なぜ商社業界に興味を持ったのか
●高校から水泳部の選手として頑張ってきた。五輪で話題になった競泳水着を見て、扱っている企業に興味を持った。

❷ なぜ商社業界の他業種ではなく、総合商社なのか
●調べた結果、完成品メーカーと異なり、営業でも企画・提案ができ、モノづくりにかかわることができると知ったから。

❸ なぜ数ある同業他社ではなく、この企業なのか
●スケジュール管理や目標設定はすべて社員個人に委ねられている自由度。その代わり、個人事業主のような発想と責任感で仕事をすることが求められる。自分に合うと感じた。

❹ この総合商社で何がやりたいのか
●素材の営業だけでなく、企画・提案までかかわりたい。

❺ ❹に対し、自分の強み・良さをどう生かせるか
●6年間水泳を頑張ってきた。長期間、継続的に努力を続けられる。営業にしても企画にしても、長期間の働きかけが必要なはず。

旅行体験を志望動機に組み込み本気度をアピール

成功する志望動機 vol.11・専門商社志望

> 私は御社がエネルギー分野での取引量世界一になることに貢献したうえで、安全で安定したエネルギーを供給できる社会をつくりたいと考えています。途上国の成長とともに世界的なエネルギー不足が心配されています。毎夏に途上国を旅していますが、停電によく遭います。途上国の生活向上のためにはエネルギー問題の解決が不可欠です。資源開発や取引において豊富な経験を持つ御社の一員として働き、大きなスケールで自分の役割を見いだしたいと考えています。

ここがポイント 旅行経験など、資源やエネルギーに興味を持った理由を具体的に話すことで、志望動機に説得力が生まれています。

❶ なぜ商社業界に興味を持ったのか
●授業で開発経済学を専攻し、途上国のインフラ整備と経済発展に興味を持った。毎年、夏休みに東南アジアを中心にバックパック旅行をしている。

❷ なぜ商社業界の他業種ではなく、専門商社なのか
●最もインフラ整備に貢献できる業種だと考えたから。商社は単に卸売をするだけの役割ではない。自らが発想し、投資してビジネスを展開する。そのダイナミズムに引かれた。

❸ なぜ数ある同業他社ではなく、この企業なのか
●資源・エネルギー分野に特化した商社だから。また、商社マンは派手な人が多いかと思ったが、この企業の社員は堅実で直実なイメージの人が多い。自分も合っていると思う。

❹ この専門商社で何がやりたいのか
●海外に出て、途上国の発展にかかわる大きな仕事をしてみたい。

❺ ❹に対し、自分の強み・良さをどう生かせるか
●どんな国にもおくせず足を運ぶ行動力によって、途上国のインフラ整備に貢献できる。

「なぜこの企業だと成長できると思うのか」を明確に述べる

成功する志望動機 vol.12・百貨店志望

> 　私は大学時代、ファストファッションの店で、3年間アルバイトをしてきました。その経験から、お客さまと対話をしながら、お客さまが求める洋服をともに見つけ出していく喜びを知りました。そのような喜びをもっと味わうために、高いレベルの接客が求められる職場で自分を磨きたいと思い、御社を志望しました。商品やコーディネートなどの必要な知識を学ぶとともに、日々お客さまに満足いただける接客を心がけることで、自分を成長させていきたいと考えています。

**ここが
ポイント** 「自分が目指す成長とは」「なぜ百貨店こそが成長させてくれるのか」を、過去のエピソードをもとに具体的に語れています。

---

❶ なぜ流通・サービス業界に興味を持ったのか

●アルバイトでファストファッションの店に勤務。接客好きな自分と出会った。人と接することで自分を高められる、多種多様な人に会える業界を志望した。

❷ なぜ同じ業界の他業種ではなく、百貨店なのか

●ファストファッションの店ではできない、じっくりと時間をかけた接客ができるから。

❸ なぜ数ある同業他社ではなく、この百貨店なのか

●オリジナルブランドの開発に注力していたり異業種との提携を積極的に行なったりなど、新たな挑戦を続けていて、さまざまな経験が積めそうだと思えた。

❹ この百貨店で何がやりたいのか

●接客の仕事。ゆくゆくは、その源流ともいえるバイヤーの仕事がしてみたいと感じた。

❺ ❹に対し、自分の強み・良さをどう生かせるか

●不特定多数の人々とすぐに打ち解けられる力を、アルバイトなどで培った。百貨店の仕事でも役に立つはず。

抽象的な言葉を抽象的なままにしない

成功する志望動機 vol.13・百貨店志望

> 私が百貨店に興味を持ったきっかけは、物を売ることにプラスして、「心の豊かさ」を提供していると考えるからです。洋服でも雑貨でも、百貨店には、プロの知恵と技術によって生まれた高品質の商品がそろっています。さらにお客さま1人ひとりに時間をかける接客でもてなしています。美術館と同様に、触れるだけでも心にくつろぎを与えてくれる存在であり、私は毎週のように足を運んでいました。今度は私が提供する側になりたいと考え、御社を志望しました。

ここが ポイント 百貨店が提供する「心の豊かさ」についての考えを具体的に述べられています。抽象的な言葉はこのように具体化しましょう。

❶ **なぜ流通・サービス業界に興味を持ったのか**
- ●ショッピングが好きだったから。

❷ **なぜ同じ業界の他業種ではなく、百貨店なのか**
- ●百貨店が大好きで、休日はよく雰囲気を楽しむためだけにでも行っていた。

❸ **なぜ数ある同業他社ではなく、この百貨店なのか**
- ●江戸時代の創業以来の伝統が今も息づいていて、お客さまに「心の豊かさ」を提供し続けているから。

❹ **この百貨店で何がやりたいのか**
- ●丁寧な対面販売の仕事。「売って終わり」ではなく、お客さまと信頼関係をつくれる仕事。

❺ **❹に対し、自分の強み・良さをどう生かせるか**
- ●学生時代に打ち込んだのは塾講師のアルバイト。生徒1人ひとりと向き合って指導することに注力していた。要望にじっくり耳を傾けて、相手の心を理解する力は、対面販売でも生きると考えている。

運営サイドに立ち、冷静に志望動機を語る

成功する志望動機 vol.14・旅行代理店志望

> 　私が旅行代理店を志望したのは、人の思い出に色濃く残る旅行のお手伝いをしたいと考えたからです。中でも、御社を志望する理由は、お客さまが快適に旅行を楽しめるよう、非常にきめ細かい対応をしていると感じたからです。御社の2泊3日の国内ツアーに参加し、お客さまの様子を肌で感じながら、臨機応変に行動する添乗員の方の姿に感動しました。合同説明会で多くの社員の方にお会いし、皆さんが自分の仕事に誇りを持っていることにも感銘を受けました。

ここが　ポイント　単に旅行が好きで旅行代理店に応募する志望者が多い中、運営側の視点に立って、地に足の着いた志望動機を語れています。

---

❶ なぜ旅行業界に興味を持ったのか

●海外旅行が好きで、学生時代に旅行で約20カ国を訪れた。旅行にかかわる仕事がしたいと思った。

❷ なぜ同じ業界の他業種ではなく、旅行代理店なのか

●❶とほぼ同じ。直接お客さまの思い出づくりのお手伝いができる

❸ なぜ数ある同業他社ではなく、この企業なのか

●2泊3日の国内旅行パッケージツアーに参加してみた。ガイドの方の動きを見ていたら、常にお客さまの先回りをして考え、行動する姿に感動した。

❹ この旅行代理店で何がやりたいのか

●多くの人の思い出づくりを手伝える仕事がしたい。自分自身、もっと見聞を広めたい。

❺ ❹に対し、自分の強み・良さをどう生かせるか

●旅先では想定外のトラブルにも冷静に対応できた。困難に遭遇しても臨機応変に対応できる点が自分の良さ。この仕事でも生かせると思う。必要にかられて、英語も勉強した。

「業界→業種→企業」の落とし込みは志望動機の定番

成功する志望動機 vol.15・外食産業志望

　人に満足感や安心感を与えられる仕事に就きたいと思い、サービス業を選びました。その中でも、決められた時間、空間、相手に対してプラスアルファのサービスを行なうことでより高い満足感を提供できる外食産業を選びました。御社を志望したのは、既存のサービスをより安定させる一方、全く新しいサービスを次々と提供する方針に共感したからです。その原動力となる、社員がお客さまにより高度な満足感を提供しようと一丸となった姿に感銘し、志望いたしました。

ここがポイント　サービス業→外食産業→志望企業と順を追って述べられていて、好印象です。面接で共感した点を具体的に語れるといいでしょう。

❶ なぜサービス業に興味を持ったのか
　●焼き肉のチェーン店でのアルバイトに打ち込み、バイトリーダーを務めたことで、接客業の面白さと店舗運営について学んだ。

❷ なぜ同じ業界の他業種ではなく、外食産業なのか
　●焼き肉店で、人の胃袋を満足させる喜びを知ったから。

❸ なぜ数ある同業他社ではなく、この企業なのか
　●既存サービスを安定させる一方で、新しいサービスを次々と提供する方針に共感。新業態の店で、注文時に社員の方に話を聞き「厳しいけどやりがいはある」との声に、感銘を受けた。

❹ この飲食チェーンで何がやりたいのか
　●職種は問わないが、決められた時間、空間、相手に対してプラスアルファのサービスを行なう中で、より高い満足感を提供したい。

❺ ❹に対し、自分の強み・良さをどう生かせるか
　●焼き肉チェーンのアルバイトで、バイトリーダーを務めたことで、接客だけでなく、マネジメント力も磨いた。この能力を発揮できる職場であると思っている。

仕事に対する考え方を表現して人間性を伝える

　私が御社を志望するのは、隅々まで行き届いたサービスを提供している点に大きな魅力を感じたからです。社員の方の「たとえ気づいていただけなくてもお客さまが無意識のうちに心地よく感じてくださるなら、その行動に意味はある」という言葉を聞き、深く共感しました。私も学生時代の飲食店でのアルバイトで、洋服を置くスペースやトイレなど、目立たない部分ほど改善を続けていたからです。御社なら私のやりたい仕事が実現できると思い、志望しました。

ここがポイント　「人をもてなすときは目立たない部分こそ気遣う」という私の考え方が表れ、人間性や志望動機を明確にできています。

---

❶ なぜホテル業界に興味を持ったのか
- 子どものころに食事に連れていってもらったホテルでの出来事に感動した。

❷ なぜ同じ業界の他業種ではなく、高級ホテルなのか
- ❶の経験から、ホテルマンになるのが子どものころからの夢だった。きめ細かいサービスをするなら高級ホテルだと思った。

❸ なぜ数ある同業他社ではなく、この企業なのか
- 日本を代表する老舗ホテル。一歩入ると、自分が品格ある人間に変身した気がした。この重厚な雰囲気も商品の1つであると感じた。社員の方の言葉にも大きな感銘を受けた。

❹ このホテルで何がやりたいのか
- 非日常を提供する仕事がしたい。また、ブライダルの仕事にも興味がある。

❺ ❹に対し、自分の強み・良さをどう生かせるか
- 飲食店でサービスについて学んだ。人が気づかないところに気づける「きめ細やかさ」は、老舗ホテルでこそ生きる能力だと思う。

店舗見学をしたならその経験を積極的に語る

成功する志望動機 vol.**17**・スーパーマーケット志望

> 　私が御社を志望したのは、地域の人々の生活を支える仕事がしたいと考えたからです。店舗を見学したときに感じたのは、地域の食材を数多く販売していること。「スーパーマーケットは地域の消費者の生活だけでなく生産者の生活も支える場」だという御社の考え方を聞き、素晴らしいと思いました。私もその一員として、生まれ育ったこの地域の人々に尽くしていきたいと考えています。

**ここが
ポイント** 流通や外食の場合は店舗見学の経験を積極的に語りましょう。その経験から「何に引かれるか?」を考えるのがポイントです。

---

❶ なぜ流通業界に興味を持ったのか

●自分にとって身近な存在だから。

❷ なぜ流通業界の他業種ではなく、スーパーマーケットなのか

●地域の人々の生活を支える、なくてはならないものだから

❸ なぜ数ある同業他社ではなく、この企業なのか

●地元の畑で採れた野菜を生産者の顔と名前入りで販売していた。レジ係のパートの方がお客さまから聞いた一言を店長が吸い上げて商品化したものも。地域密着の方針に共感した。

❹ このスーパーマーケットで何がやりたいのか

●地域のお客さまのニーズに応える仕事がしたい。

❺ ❹に対し、自分の強み・良さをどう生かせるか

●大学生活ではチアリーディングに打ち込み、全国大会3位の成績を残した。明るい笑顔と体力と、どんなときでもパフォーマンスが変わらない安定性は、接客業に欠かせない要素だと考えた。

やりたいことの範囲が狭くても構わない

成功する志望動機 vol.18・通信会社志望

> 　私はテレビ電話が当たり前に使われる未来をつくりたいです。この未来の実現のため、御社の通信システムによるソリューション提案を法人向けに行なう仕事をしたいと思います。アルバイトをしていたとき、本社からくる電話やメールの指示が分かりにくく、もどかしい思いをしました。そこでテレビ会議を開いたところ、双方の考えを正確に伝え合うことができました。テレビ電話で、支社本社間の円滑なコミュニケーションから地方在住者の教育、医療まで幅広くサポートしていきたいです。

ここがポイント やりたいことの範囲が狭過ぎるように感じられますが、具体的に述べているのでOK。なぜその企業かが語れればベストです。

---

❶ なぜIT業界に興味を持ったのか
　●企業でのアルバイト中に、本社とのテレビ会議に出席したこと。

❷ なぜ同じ業界の他業種ではなく、通信会社なのか
　●テレビ会議システムの素晴らしさに感銘を受け、普及させたいと考えたから。

❸ なぜ数ある同業他社ではなく、この企業なのか
　●テレビ会議システムのトップメーカーだから。

❹ この通信会社で何がやりたいのか
　●数年後の社会を見据えて、テレビ電話をはじめとした、新しい技術で人や地域の役に立つ仕事がしたい。

❺ ❹に対し、自分の強み・良さをどう生かせるか
　●食べ歩きのブログを毎日更新することで、知らない人に対して分かりやすく説明する力がついた。ITシステムの営業には必要な能力だと考えている。

明確な目標があると、志望動機に真実味が出る

成功する志望動機 vol.19・システムインテグレーター志望

海外でも授業が受けられる利便性の高いシステムを開発することで、教育における地域格差をなくしたいと考えています。今、予備校などで優秀な講師の授業を受けられるのは首都圏に限られています。授業の映像は配信できますが、地方や海外のフォロー体制が整っていません。私自身、掲示板やメールなどで国内外の高校生の相談に乗ってきましたが、遠方だと限界がありました。御社のシステムを利用して相談やアドバイスができる仕組みをつくりたいです。

ここがポイント 志望動機と"自分との接点"が述べられていて説得力があります。面接担当者から見ても目標が明確で、良い志望動機です。

❶ **なぜIT業界に興味を持ったのか**
●大学1年のときに受験アドバイスサイトを立ち上げた。

❷ **なぜIT業界の他業種ではなく、システムインテグレーターなのか**
●受験アドバイスサイトの活動を通して海外の高校生と知り合い、教育の地域格差を知ったこと。システムインテグレーターなら、それを解決する仕事ができるのではないかと思った。

❸ **なぜ数ある同業他社ではなく、この企業なのか**
●大企業ではないが独自の技術と高い提案力が業界内では評価されている。社内の風通しは非常に良い。自分の踏み込みたい分野を追求させてくれる風土がある。

❹ **システムインテグレーターとして何がやりたいのか**
●通信技術を通して、教育格差をなくす仕事がしたい。

❺ **❹に対し、自分の強み・良さをどう生かせるか**
●相手の立場に立って悩みを聞ける「傾聴力」が、私の強み。受験アドバイスサイトがそれを生かした例の1つ。システムの仕事でも、顧客の話を聞ける力はきっと役立つと思う。

サークル活動で生まれた情熱を志望動機につなげる

成功する志望動機 vol.20・ポータルサイト運営会社志望

私が御社を志望するのは、世の中に知られていない良いものや行ないを紹介する企画ができると考えたからです。御社の80のコンテンツを拝見した中で、最も感銘を受けたのは、駆け出しの画家と絵画ファンをつなぐ「○○」でした。ボランティアの世界でも、良い試みをしていながら知名度が低く活用されていない団体がたくさんあります。派手ではないが、良いものを紹介する仕事が、ポータルサイトを運営する御社ならできると思い、御社を志望しました。

ここが ポイント 大学時代のサークルで実体験したことが、志望動機としっかり関連しているので、説得力があります。

---

❶ なぜIT業界に興味を持ったのか

●大学2年のとき、ボランティアサークルのホームページ制作に力を注いだ。ウェブデザインに興味あり。

❷ なぜIT業界の他業種ではなく、ポータルサイト運営会社なのか

●ライフスタイルのすべてを網羅する情報を扱うチャンスがあること。世の中に知られていないものを広く知らしめることができる。

❸ なぜ数ある同業他社ではなく、この企業なのか

●この企業が提供している80コンテンツのすべてにアクセスした。他社にない独自性に加えて、ユーザビリティーを配慮したデザインであることがよく分かった。このような仕事がしたい。

❹ このポータルサイト運営会社で何がやりたいのか

●世の中に知られていない良いものや行ないを世に送り出す仕事をすることで、ユーザーに喜んでもらいたい。

❺ ❹に対し、自分の強み・良さをどう生かせるか

●地道な作業をコツコツできる。ポータルサイト運営に生かせるのではないか。

CHAPTER 4

これで完璧!
面接直前の準備

面接直前までに必ず準備しておきたいことについて、解説しておきましょう。

前夜になって焦らなくてもいいように数日前から準備しておきたいことはもちろん、面接時の身だしなみ、入室、退室、お辞儀の仕方、面接会場でやってはいけないタブー行為など、当日のマナーについても、細かく説明します。

面接前の 準備①	一夜漬けでは 間に合わない3つのこと

面接に臨む前にも、さまざまな準備が必要です。まずは時系列に、面接日の1週間以上前から取り組んでおきたいことについて触れておきましょう。

・代表的な質問にどう答えるか、堀り下げておく

・エントリーシートを書いた時点と今現在の考えの違いを確認する

・新聞は面接の有無にかかわらず毎日読んでおく

◆自己PRと志望動機を固めれば、 どんな質問にも対応できる

　面接日が近づくと、だんだんと緊張感が高まってくるはず。誰しも不安に思うのは、質問にきちんとした回答をすることができるかどうか。「変化球の質問がきたら、うまく対応できるだろうか……」と不安に思う人も少なくないでしょう。

　しかし、変化球の質問だとしても、面接の質問の大半は、「自己PR」か「志望動機」、どちらかを聞く質問に過ぎません。自己PRと志望動機がしっかり話せれば、どんな質問にもある程度対応できます。

　面接前は、さまざまな質問に対応しようとするよりも、自己PRと志望動機に関する基本的な質問について、スムーズに答えられるように準備をした方がいいでしょう。

　そのためにはいま一度、自己分析を振り返っておきます。せっかく自己分析をしたのに、そこで分かった自分の特徴や良さを面接の答えの中にうまく反映できない人は少なくありません。繰り返しになりますが、面接は「私は○○な人間です」を伝える場です。どんな質問がきても、自己分析

の結果から見えてきた"自分"を伝えることが何より大切なのです。

◆エントリーシートと考えが違っていてもかまわない

　面接担当者は、エントリーシートを見ながら質問をしてきます。エントリーシートを読んで、どこが面接で聞かれそうなポイントかを想像し、それについてどう答えるか、考えておきましょう。

　面接直前になると「数カ月前にエントリーシートを書いたときの自分と今の自分では、自己分析の結果が違うのですが、大丈夫ですか?」と聞かれることがよくあります。

　結論を言うと、問題ありません。就活中の数カ月で自己分析が進むのは当然のことです。また、就活は成長の期間でもありますから、成長することで分析結果が変わるのはむしろ当然のことと言えます。もし面接担当者に「エントリーシートと書いていることが違うね」と言われたら、どのような経緯で変わったのかをきちんと話せば、納得してもらえるでしょう。

◆急に新聞を読んでも、理解できない

　面接では、「今朝の新聞で気になった記事について話してください」と質問されることがよくあります。就活中は欠かさず新聞を読みましょう。面接の日の朝だけでなく、毎日、新聞に目を通すことが大切です。その日だけ読んでも理解できないことがたくさんあるからです。

　もっとも、就活前に読む習慣がなかった人は、なかなか記事が頭に入ってこないかもしれません。そういう人は、まず見出しだけまんべんなく目を通して、自分の得意な分野や興味のある記事の中身を読んでいくことをお勧めします。不得意分野や興味のない記事を無理して読んでも、全く頭に入らないでしょうし、ましてやそのことについて面接で語ろうものなら、すぐにボロが出ます。それなら、得意なものと興味のあるものを読んで、少なくともその記事については身になるような読み方をした方がいいでしょう。そうすることで、新聞を読むことが習慣になり、だんだんとほかの分野の記事も読めるようになっていきます。

　社会人になったら「新聞を読んでいません」というのは通じません。今のうちに習慣をつけておきましょう。

面接での回答力を磨く チャンスはたくさんある

面接前の
準備②

有効な手立てにもかかわらず、多くの学生が行なっていないのが、キャリアセンターでの模擬面接と、前回面接の振り返り。ぜひ行ないましょう。

- 学校のキャリアセンターは、面接の手助けをしてくれる貴重な存在
- 友人と一緒に模擬面接を行なうのも有効
- 前回の面接を振り返ることも、準備のうち

◆キャリアセンターの模擬面接は最大限に活用しよう

　前述したように、代表的な質問に対しては、自己分析と結び付けた答えを考えておく必要があります。そうでないと、いくら多くの答えを用意したところで、自分がどんな人間であるかが面接担当者に伝わりません。

　しかし、自分が話していることが、自己分析で見えてきたことと結びついているかどうか、それを自己判断するのは難しいものです。

　そんなときこそ、学校のキャリアセンターを頼りにしてください。ほとんどの大学のキャリアセンターでは模擬面接をしてくれますし、客観的なアドバイスをくれます。

　模擬面接を有意義なものにするには、自己分析で見えてきた「自分を表現するキーワード」をあらかじめキャリアセンターの先生に伝えておきましょう。そして、面接を受けた後に、「質問の答えを通して、私のキーワードは見えてきたでしょうか?」と聞いてみてください。

　「いまいち、ピンとこなかったなあ」と言われれば、質問の答えと自己分析が結びついていない証拠です。先生から、「君らしさがよく伝わってきた」「全部の答えから、君のキーワードへのつながりが理解できた」というよ

うな言葉をもらえるよう、答え方を考えてください。

　客観的な意見をもらうために、友達同士で面接を行なうこともお勧めです。面接後に「質問の答えを聞いていて、どんな人だと思った？」と相手に聞き、自分の自己分析と近い感想を言ってくれれば、質問の答えと自己分析が結び付いているということです。

◆「あの企業は合わなかった」で終わらせてはいけない

　落ちた・通ったにかかわらず、過去の面接をしっかりと振り返ること。これもまた、面接の準備をするうえで、非常に重要なことです。

　面接を通過できない理由には、大きく分けて、次の２つがあります。

Ａ．自分という人間を面接担当者に伝えることができなかった。

Ｂ．自分という人間は伝えられたが、その企業の求める人物像と大きくかけ離れていた。

　Ｂの「人物像と大きくかけ離れていた」という理由でその面接を通らなかったのであれば、それは仕方のないことです。むしろ、面接の時点でそのことが判明してよかったと喜ぶべきことかもしれません。

　しかし、Ａの理由で通らないのはいかがなものでしょう。面接の初期段階、つまり１次選考や２次選考で不通過になっている人は、Ａの理由で落ちていることが非常に多いのが現状です。それでも、そのことを認識せずにどんどん次の面接を受けようとする学生がいます。

　自分を伝えきれなかったはずなのに、その面接について振り返ることをせず、「ああ、私にあの企業は合わなかったんだな」と簡単に終わらせてしまう……。それでは成長しません。

　今日の面接で受けた質問や自分の回答は、忘れないうちに整理しておきましょう。Ａ社で受けた質問を、Ｂ社で受けるかもしれません。今日の学びは今日のうちに吸収し、今日の反省は今日のうちに解決してください。

　もし、面接に通らなかったのなら、その面接でどんなことをどのように話したのかを振り返り、「なぜ伝わらなかったのか？」を改めて考えてみてください。

　気の進まない作業でしょうが、するとしないとでは、内定をつかみ取れる確率は大きく違ってきます。

面接前の 準備③ うっかりミスで人生が変わる？ 後悔しないための小さな準備

せっかく受け答えを練習してきたのに、遅刻などの些細なことで面接自体を棒に振っては後悔してもしきれません。防止策を講じておきましょう。

ポイント

- ・面接には余裕を持って出発すること。30分前の到着が望ましい
- ・面接会場は必ず事前に確認すること
- ・提出書類の記入漏れにも注意

◆30分前に到着するスケジュールを立てよう

　面接に関するミスで、意外と多いのが、面接会場に着くまでに道に迷い、遅刻して印象を悪くしたり、面接が受けられなくなったりすることです。その結果、志望企業に入る道が絶たれてしまったら、泣くに泣けません。

　電車の遅れなど、自分では防げないアクシデントもあります。面接会場には、時間に余裕を持って到着するようなスケジュールを組みましょう。理想は、30分前に到着すること。あまり早く会場に着くと迷惑になるので、早く着き過ぎた場合は、近くのカフェなどで時間調整をしましょう。余裕のあるスケジュールは、心にも余裕をもたらします。

　就活ピーク時には、１日に２件の面接が入ったり、面接の後に別の企業の説明会が入ったりすることもよくあります。１件目の会場から２件目の会場への移動時間や移動方法なども、事前に確認すべきです。

◆企業からもらった地図が正しいとは限らない

　事前に面接会場の場所を把握しておくことも、大切です。
かつてこんなことがありました。Ｉさんはある企業の面接を受けるに当た

って、前日、外出のついでに面接会場の場所を確認しに行きました。

　すると、なんと企業側から渡された地図が間違っていることに気がついたのです。

　翌日、会場に行くと、定刻に会場に着いたのは自分だけでした。他の人は地図の通りに間違った場所に行ってしまったからです。「すみません。こちらの地図が間違っていました」と頭を下げる面接担当者。

　そして、「でも、Ｉさんはどうして間違わずに来られたのですか？」と聞かれました。

　Ｉさんは「昨日、事前に会場を確認しに来て、地図の間違いに気がつきました」と説明しました。面接担当者は非常に感心したそうです。

　結果的に、Ｉさんはその企業に内定しました。面接での準備が万端にできる人は、仕事もしっかりこなしてくれるだろうと、面接担当者は確信したのでしょう。完璧な自己PRです。

◆証明写真のサイズ間違いに注意!

　もう１つ些細なミスで気を付けたいのは、提出書類のミスです。持参すべき書類を忘れた、というのはもちろん許されませんが、それ以外にも、印鑑の押し忘れ、写真の貼り忘れ、必要事項の記入漏れなど小さなミスが、意外とあるものです。

　基本的なことでミスをする人は「仕事も雑なんだろうな」という印象を持たれても仕方ありません。確認のうえに確認を重ねましょう。

　よく見かけるのが、「写真のサイズ違い」です。エントリーシート提出前日や面接前日の深夜に書き上げた提出書類に、事前に何枚か焼き増ししておいた証明写真をいざ貼ろうとしたら、サイズが全然違った！　なんていう顔面蒼白になりそうなシーンを、私は何度も見ています。夜中に学生と一緒にビジネスコンビニに走って、サイズの違う写真を引き伸ばしてもらったこともあります。

　そんなことにならぬよう、提出書類については細心の注意を払って確認をしてください。

面接前日の確認事項 最高のコンディションは面接前夜につくられる

忘れ物などで面接前に心を乱し、用意してきた受け答えすらうまくいかなくなることも、よくある話。持ち物などは、前夜にしっかり準備しておきましょう。

最高のコンディションで面接に臨むためには、心を乱す要因を取り除くことが大切です。まずは、持ち物。就活のかばんに入れておくべき持ち物を、下にリストアップしました。このリストを自分流にカスタマイズして、面接前夜に忘れ物がないか、チェックするようにしましょう。

必携持ち物

- ☐ 会場地図
- ☐ 会社案内・資料
- ☐ エントリーシート（※会場で提出する場合）
- ☐ 履歴書（予備の写真）
- ☐ スケジュール帳
- ☐ メモ帳・筆記用具
- ☐ 印鑑・学生証

- ☐ 携帯電話
- ☐ ハンカチ・ティッシュ
- ☐ 携帯用靴磨き
- ☐ 折りたたみ傘
- ☐ 携帯充電器
- ☐ 整髪料

地図は企業の案内地図だけでは迷うことがあるので、パソコンや携帯電話で住所から調べておきましょう。市販の地図帳は、1冊かばんに入れておくと重宝します。携帯電話は企業からのメールチェックなどで何かと使うので、充電器も必携です。また、朝、家を出る前にどんなに身だしなみを整えても、街中を歩くと崩れてくるものです。靴は汚れるし、髪も乱れてきます。コンパクトな靴磨きや旅行用整髪料などを用意して、携帯しておきましょう。

コラム

オリジナル "就活ノート" を作ろう！

　私が指導する学生に用意させる "就活ノート" とは、スケジュール帳、企業研究用、自己分析用の3冊のノートを同じ大きさで用意し、背をテープで留めたものです。ルーズリーフよりもページを開きやすく、めくりやすいので私はこれを勧めています。就活中は、携帯電話で次の面接の連絡を受けたり、会社説明会でスケジュールが提示されたりと、常に予定が変化します。また、会社説明会でエントリーシートを書かせる企業も。"就活ノート" があれば、企業研究、自己分析、スケジュールを、いつでもその場で確認できます。

心の準備

- ☐ **面接で自分が伝えたいことは整理されているか**
- ☐ **志望企業の下調べは済んでいるか**
- ☐ **明日のスケジュールは余裕を持って立てているか**
- ☐ **スーツやシャツ、靴の手入れは済ませたか**
- ☐ **企業からメールや留守電に何か連絡が入っていないか**
- ☐ **財布にお金は入っているか**

　持ち物が用意できたら、上の準備がきちんとできているかどうか、チェックしましょう。これらのことを、当日の朝にバタバタとしていると、心の乱れにつながります。たとえ面接の時間が午後以降だとしても、前夜のうちに済ませましょう。ただし、面接での受け答えの内容の確認は、ほどほどに。寝る時間が遅くなり過ぎると、面接時に頭が働かなくなってしまいます。しっかり休むことも成功する就活の条件です。

好感度UP! 面接の身だしなみ

基本は清潔感が大切。スーツは毎日着ることを考え、値段が手ごろなものを2着用意して交互に着ましょう。シワになりにくい素材のスーツを選ぶのもポイント。1日着たスーツは湿気のある浴室に吊るしておくとシワがとれます。

頭髪は
乱れていないか

シミやほつれは
ないか

ネクタイはきちんと
締めているか

シャツは
きちんとアイロンが
かかっているか

スーツは
グレーや紺が無難。
ジャストサイズの
ものを

肩、ひじまわり、
ひざ裏、お尻など、
スーツに目立つ
シワがないか

ズボンの折り目は、
きちんと
ついているか

靴下は黒やグレーなど
スーツに合った色か

靴は磨かれているか。
かかとも
すり減っていないか

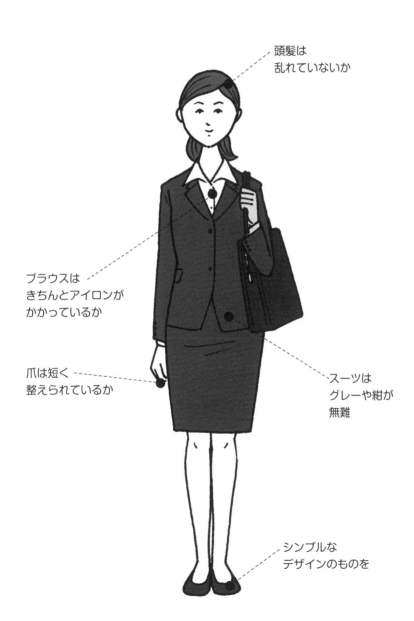

頭髪は
乱れていないか

ブラウスは
きちんとアイロンが
かかっているか

爪は短く
整えられているか

スーツは
グレーや紺が
無難

シンプルな
デザインのものを

面接時の マナー	ここが見られている!! 立ち居振る舞いも面接のうち

面接の評価は、会話の内容だけでなく、立ち居振る舞いでも決まります。
受付から面接中、会社を出るまでの流れについて解説していきます。

　面接での基本の立ち居振る舞いを覚えましょう。受付から退社までの基本マナーをレクチャーします。マナーは、面接室だけでなく、受付や控え室でも見られています。大げさにいったら、会社の中はもちろん、家を出てから帰るまでが面接だと思ってもいいくらいです。

　面接では緊張して動作がぎこちなくなることもあるでしょう。しかし、多少ぎこちなくても問題はありません。大切なのは「この企業に就職したい」という真摯な気持ち。それがあれば、思いは伝わるものです。

1 〈受付〉
受付での態度が評価に影響も

「本日、面接のお約束をいただいている○○大学の××です」と丁寧に名乗ります。携帯の電源はOFFに。

2 〈控え室に入室する①〉
落ち着かない態度はマイナスに

「周囲の学生とおしゃべり」「キョロキョロする」はマイナスの印象。配布資料を見ながら静かに待機。

3 〈控え室に入室する②〉
受け渡しなどはすべて両手で

企業に書類を提出するときや何かの書類を受け取るときは、両手で行ないます。

4 〈入室〉
「どうぞ」と言われたら入る

ドアをノックしてから入ること（最初から開いていたら不要）。「どうぞ」と言われたら入ります。

5 〈ドアを閉める〉
後ろ手で閉めるのはNG!

入口で明るく「失礼いたします」とお辞儀をし、ドアを閉めます。後ろ手で閉めるのはNG。

6 〈ドアの前で一礼〉
すぐに座ってはいけない

ドアを閉めたら、面接担当者に向かい、一礼を。そのあと、イスの方へ歩き出します。

7 〈あいさつ〉
起立したままハキハキと

イスの横に立ち、学校名や氏名を名乗り「よろしくお願いいたします」とお辞儀します。

コラム

お辞儀の角度をマスターしよう

　お辞儀をする姿も、あなたのイメージを大きく左右します。首だけで会釈するのは横柄ですが、深過ぎるお辞儀もやり過ぎです。30度の角度が適切でしょう。背すじはしっかり伸ばして。自分の姿は自分では分かりにくいので、周りの人にチェックしてもらいましょう。「ありがとうございました」「失礼致します」などの発声もはっきりと。

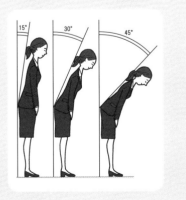

8 〈着席〉
「どうぞ」と言われたら座る

面接担当者に「どうぞ」と言われたら座りましょう。
「失礼します」と返事をしてから座ると好印象です。

9 〈面接〉
相手の目を見て話そう

担当者の目を見て話さないと自信がないと映ります。担当者が複数いたら話している人の目を見て。

10 〈起立・礼〉
イスの横で礼をする

面接が終わったら座ったままお礼を言い、イスの真横に起立して「失礼致します」とお辞儀をします。

11 〈ドアの前で〉
もう一度 お辞儀をする

ドアの前まで来たら改めて向き直り、「失礼致します」ときちんとお辞儀をしましょう。

12 〈退室〉
退室しても 油断は禁物!

退室後も、きびきびした振る舞いを心がけて。会社の中には、たくさんの"目"があります。

コラム

企業に足を踏み入れたときから 面接は始まっている!

やってはいけない NG

　学生の常識は社会の非常識。面接の場で以下の行為をする学生は実在します。ほかにも「会社のトイレでメイクを直す」「控え室で他社向けの履歴書を書く」などの行為をした学生もいるのだとか。こんなところを見られたら、いくら面接がうまく行っても、評価はガタ落ちです。絶対にやめましょう。会社に入ったら、会う人すべてが面接担当者だと思うこと。廊下やエレベーターなどでの態度、言葉遣いにも気を付けましょう。

帰りは受付を 素通り

行きにしっかりとあいさつをしても、帰りは用が済んだとばかりにしらんぷり。これでは台なしです。

会社の自販機 で飲料を買う

会社の自販機は、社員のためのものです。いくら面接終了後とはいえ、リラックスし過ぎはNGです。

会社の中で 私用電話

退室後とはいえ、会社の廊下などで私用通話をするのはNG。他社の面接の予約は言語道断です。

控え室で ほかの学生と 盛りあがる

「コミュニケーション能力のアピール」には全くなりません。むしろ逆効果です。

| 面接での 話し方 | # 面接担当者がイライラしない 分かりやすい話し方とは |

話の内容が良くても、話し方がまずければ伝わりません。初対面の面接担当者にもしっかりと内容が伝わるような話し方をマスターしましょう。

- 結論から話す癖を身に付けよう
- 「相手は自分のことを知らない」ことを自覚する
- 1つの質問につき、「結論→理由→具体例」を60秒で話す

◆まわりくどく話していないか?

集団面接にしても、個人面接にしても、あなたに与えられた時間は限られています。できるだけ多くのことを伝えるために、物事を短時間で分かりやすく伝える技術を身に付けましょう。

最も初歩的な技術は、「結論から話す」ことです。この「結論から話す」癖がほとんどの学生には身に付いておらず、面接でのコミュニケーションを自分で余計に複雑にしてしまっています。例えば、以下の会話を見てください。

面接担当者(面担)「学生時代には、どんなことに力を入れましたか?」
学生「はい。週に3日、小学生に国語と算数を教えています。なかなか成績が上がらないので、私なりにプリントをつくって毎回授業をすることにしています。しばらくそれを続けていたら、平均で10点ほどテストの点数が上がりました」
面担「えー、つまり塾講師ですか?」
学生「いえ、家庭教師です」

これは、面接担当者がイライラする典型のような会話です。

最初に「学生時代には、どんなことを頑張りましたか？」と聞かれているのですから、結論から先に話すこと。つまり「はい、私が頑張ってきたのは家庭教師のアルバイトです」と言い切ってから、細かい説明に入るべきです。

面接担当者に「つまりどういうことですか？」「要するにそれは何ですか？」などと聞かれてしまったら、それは結論や結果など、最初に伝えなければならない部分が全く伝わっていないという証拠です。自分の話し方を見直しましょう。

◆相手はあなたのことを何も知らない

結論から話す癖がついていない人は、自分のことを知らない相手と話すことが少ない人ではないかと思います。つまり、自分のことをよく知っている友だちや先生とだけ話をしていると、肝心な部分が欠落したまま話をしてしまいがちだということです。

よく、模擬面接をしていると、こんなやり取りをすることがあります。

才木「学生時代に打ち込んだことは？」
学生「テニスです。週4日、3時間のキツイ練習をずっと続けています」
才木「え？　それって、スクールですか？　サークルですか？」
学生「あ、サークルです。これも話さないと分からないですよね……」

もちろんサークルなのかスクールなのかは、話してもらわなければ分かりません。そこを話さないと「自分がどんな人間か」を伝える大きな材料を1つ失ってしまうことになります。

よく知った相手との会話であれば「テニスに行ってくる」と言えば、「あ、サークルだね」という会話が成立するのでしょうが、初対面の相手にそれを求めるのは無理です。

相手は自分のことを知らない、という自覚を持って話すようにしてください。

◆「結論→理由→具体例」の話し方を繰り返し練習しよう

　結論を言ったあとは、以下の順番で話をつなぐと、分かりやすくなります。「結論→理由→具体例」です。

　これが、面接担当者の質問に対する答え方の基本形です。この３つを45秒以内で話せるようになれば、かなり物事を簡潔かつ分かりやすく話せていると言えるでしょう。

　自己PRなど、あらかじめ用意できるものについては、ぜひ時計を用意して45秒程度で話せているかどうかを自分でチェックしてください。

　話が長い人は、たいてい、結論、理由、具体例のどれかが堂々めぐりをしていることが多いもの。堂々めぐりをされると、相手は「この人の言いたいことのポイントはどこなんだろう？」というように、話の本質をつかみづらくなってしまいます。

　逆に、話があまりに短い人というのは、理由と具体例が欠落している人。例えば「あなたの趣味は何ですか」と聞いても、「はい、スポーツ観戦です」で終わってしまうような人です。結論に対しての説明がないので、「どうして、そういう結論になったんだろう？」という疑問を相手に抱かせたままになってしまいます。

　繰り返しになりますが、面接の質問に対しては、どんな質問がきても「自分はこういう人間です」ということを伝えなければなりません。「スポーツ観戦が趣味だ」という結論を話すのであれば、同時に「どうしてスポーツ観戦が好きなのか（理由）」と「どのようなスポーツを観戦するのか（具体例）」を話してはじめて、自分という人間を面接担当者に伝えることができるのです。

　面接に限らず、普段から「結論→理由→具体例」の３つを話すように心がけると、いざというときにもこの順番で話せるようになります。雑談までこの話し方をするのはどうかと思いますが、アルバイト先の社員や先生などと話すときには、意識してもいいでしょう。

　キャリアセンターなどの模擬面接を利用すれば、話し方についても、客観的なアドバイスをもらえるでしょう。ぜひ活用してみてください。

◆自分の表情や話し方をいま一度チェック!

　以上のテクニックのほか、話す姿勢や表情などの基本的な話し方も、大切なポイントです。

　自分の話し方を振り返ってみましょう。

1．相手の目を見て話す

　面接担当者の目を見て話すのは、基本中の基本。目を見て話さなければ相手は「この人とコミュニケーションを取っている」という感覚を持てません。目を合わせない人は自信のない人に見られてしまいます。

2．大きな声でハキハキと話す

　面接によっては面接担当者との距離が離れている場合があります。聞き取りづらければ、それだけでマイナスの印象になることも。普段以上にハキハキと話しましょう。

3．明るい笑顔で話す

　表情は人のイメージを大きく左右する要素ですが、自分の表情を意識していない学生は意外と多くいます。

　面接の場ではどうしても緊張するので、ある程度、表情が強ばるのは仕方ないと思いますが、できるだけ、面接担当者の質問には笑顔で受け答えをしてください。笑顔が見えるだけでも、相手に明るい印象を与えられ、良い評価を得られるはずです。

◆オンライン面接における注意点

　オンライン面接では、学生と面接担当者、双方にとって特に集中力が必要です。だからこそ重要なのは、短い時間で簡潔に話すこと。長々と話すと、自分が何を伝えたいのかがわからなくなります。

　オンライン面接で好印象を与える話し方は、1つの質問に対して要点をまとめ、45秒以内で話すように心がけることです。**45秒以内の回答は、文章にすると300字程度になります。**これ以上長くなると要点がわかりにくくなり、あなたの話は面接担当者の印象に残らなくなってしまいます。

　画面越しの対話では、話を要約して伝えることが極めて重要であることを理解しておきましょう。

面接SOS
こんなときどうする?

Q 「遅刻しそうになったら、行っても無駄ですか?」

A 遅刻をすることで、「その企業に対する気持ちがいい加減」だと判断する企業もあります。しかし、無駄かどうかという前に、何の連絡もせず遅れていくのは社会人として失格です。あなたのために時間を取ってくださっているのですから、遅刻するかもしれないと思ったら、その時点で連絡を入れるようにしましょう。その対応次第では、許していただける可能性もあります。大切なことは、最後まであきらめずに取り組むことです。

Q 「思いのほか、面接が長引いてしまい、次の面接に遅れそうです。実は次の方が志望度が高いのですが、どうすればいいですか?」

A 面接の終了時間が明記されていることはほとんどないので、常に長引いても大丈夫なようにスケジュールを組んでおく必要があります。志望度が高い企業の前には、他社の面接などを入れないようにしましょう。質問のような状況になったら、中途半端な対応で両社ともダメにするよりも、次をあきらめるか、退出するかどちらかを選びましょう。

Q 「控室で自分の携帯電話が鳴ってしまいました。どうすればいいでしょうか?」

A 携帯電話の電源は切っておくのが鉄則ですが、うっかり忘れることも。自分の携帯電話が鳴ってしまったら、すぐに電源を切ればいいのです。その際に「失礼しました」など、周りの人へのお詫びの言葉が必要です。

Q 「オンライン面接でインターネット接続が途切れたらどうすればいい?」

A オンライン面接では通信環境を整えておくことが非常に重要ですが、万が一、面接の途中で急に音声が聞こえなくなったり、映像がフリーズしたりした場合には、すぐに担当部署や担当者に連絡しましょう。担当部署の携帯電話や連絡先を手元に準備しておくことをお勧めします。

OK&NG例で学ぶ
頻出質問ベスト25
の答え方

面接では、何を聞かれるか分からないように思えますが、実は
よく聞かれる質問は限られています。CHAPTER5では、特によ
く聞かれる質問を25問選び出し、それぞれ、どのように答えれ
ばよいのかを、具体例を基に解説していきます。
質問の意図や、回答を導き出すための考え方も説明するので、
しっかりと学んでください。

Q1 学生時代に打ち込んだことは何ですか?

面接担当者の意図　物事に対して、どのような考え方で、どのような態度で取り組むのか。熱意や意気込みを知りたい。

ポイント　「自信を持って打ち込んだ」と言えることを、そこまで打ち込めた理由とともに伝える。

OK 回答例

　大学1年から3年間続けてきた文化祭の実行委員です。文化祭は10月開催ですが、準備は夏から始めます。体育会系、文化系合わせて、70以上あるクラブの調整が主な仕事です。考え方が違うメンバーを取りまとめるのは本当に大変です。文化祭の目的や目標を皆に理解してもらえるよう、毎日地道にコミュニケーションを取ってきました。納得してもらえないこともありましたが、根気よく話しを聞き、必要ならば毎日話し合いを設けるなど、相手の考えを理解しようと努めました。大変ですが、濃度の濃い秋の2カ月となり、かなりやりがいがありました。

面接担当者が知りたいのは、「どういう人間なのか」。打ち込んだ体験そのものは何でもかまわないし、期間が短くてもかまいません。事例はたった2カ月の体験であるにもかかわらず、物事に対する学生のねばり強さが伝わってきます。

NG 回答例

　私は、大勢の人とかかわるのが大好きなので、大学1年から3年間にわたって文化祭実行委員を引き受けました。10月に開催されますが、準備は2カ月前の夏から始めます。私の仕事は、体育会系、文化系合わせて、70以上のクラブの調整です。大勢の人たちをまとめることで、コミュニケーション能力やリーダーシップ力が養われました。

「人とかかわるのがどうして楽しいのか」「どうやって調整したのか」「コミュニケーション能力やリーダーシップが養われたと思うのはなぜか」といった具体的なことが1つも書かれていないので、どんな人間か伝わりません。

Q2 最近、気になった ニュースは？

面接担当者の意図
その人らしさを深く知りたい。志望業界や企業や職種の大ニュースをしっかりキャッチアップしているかを知りたい。

ポイント
本当に気になった記事に対して、自分なりの意見や考えをしっかり伝える。志望業界や企業に関連したニュースがベター。

OK回答例

❶一流ホテルでの食中毒のニュースです。❷一流と呼ばれるまでには長い期間の努力があったはずです。特にお客さまからの良い評価を維持することは、たやすいことではありません。❸私自身が有名な飲食店でアルバイトをしていて、そう感じました。大規模な食中毒を起こしたことで、それまで築いてきた評価やブランド価値を一瞬でなくしてしまったことに驚くとともに、どうしてそのようなことが起こったのか、ニュースの背後にある経緯などについても興味を持ちました。

面接担当者が知りたいのは知識の深さではなく、その人らしさです。❶業界のニュースを取り上げることで志望業界に対する関心の深さが伺えます。❷ニュースに注目した理由が明確です。❸まじめにアルバイトに取り組んだ人柄がよくでています。

NG回答例

❶一流ホテルでの食中毒のニュースです。大きな話題になっているし、かねてから泊まってみたいと思っていたホテルだったのでしっかりとチェックしました。❷この事件は、皆の憧れだった一流ホテルが、大規模な食中毒を起こしたという事件です。一流ホテルだからといって、単純に安心してはいけないのだと思いました。

❶単に話題だからではなく、「なぜそれに注目したのか」という"自分との接点"を考えて発言することが大切です。❷求められているのは事件のあらすじではありません。

Q3 この業界を志望する理由は何ですか?

 面接担当者の意図　志望する理由や具体的な展望があるのかを知りたい。業界に対する熱意や意欲を見たい。

 ポイント　志望理由はできるだけ具体的に話す。活字になっている情報ではなく、自分の足、目や耳で集めた情報を基に、自分の言葉で話す。

OK回答例

　私が商社を志望する理由は、ゼロから1を創り出す仕事がしたかったからです。❶学生時代、子ども相手のボランティアを経験したのですが、何でもかんでもやってあげようとする人が多い中、大人と同じように扱おうと考えました。そうして子どもの信頼を勝ち得たとき、とてもうれしかったのです。以後、私はゼロから1を生み出し、世の中に貢献したいと強く考えるようになりました。❷御社の会社説明会で「仕事は自分で創り出すもの」という社員の考え方に強く共感しました。

❶これまでに自分はどんなことに力を注ぎ、何を考え、どのように頑張ってきたのかがよく伝わります。❷そのうえで、志望する業界のどのようなところに引かれたのか、なぜこの企業なのかという理由がきちんと述べられています。

 NG回答例

❶私が商社を志望する理由は、非常に向いている人間だと思うからです。というのは、❷私は国際感覚に秀でているし、アイデアマンでもあります。学生時代は海外ボランティア活動も体験しましたが、現地の人が驚くようなアイデアを出したり、日本から持っていった土産が大受けしました。❸このときの感動で、日本と外国の懸け橋となれるような仕事をしたいと強く思うようになったのです。

❶志望業界と本人とのつながりが見えてこないので、注意が必要です。❷、❸商社に限った話ではありません。グローバル企業ならどこでも同じことが言えます。業界をよく研究せずに思い込みだけで考えていては浅い志望動機にしかなりません。

Q4 どんなアルバイトを していましたか?

面接担当者の意図　「どのような仕事や物事に興味を持っているのか」「どのような行動や考え方をするのか」を知りたい

ポイント　そのアルバイトを選択した理由や醍醐味などを具体的に伝える。仕事への取り組み方や役割を、具体的なエピソードとともに伝える。

OK 回答例

　大学1年生のときから現在まで家庭教師のアルバイトをしています。今は小学校5年生を教えています。❶算数はχを使わずに方程式を解くので、なかなか大変ですが、自分も小学5年生に戻ったつもりで1から勉強し直しています。❷そこまで熱心になるのは、指導する以上、テストで結果を出してほしいという気持ちが強いからです。何度も反復学習をすることで、生徒がスラスラと問題を解けるようになります。それがテストの結果につながると、私自身もやりがいを感じ、ますます力が入ります。

❶χを知っている大学生が、使わずに算数を解くのは大変です。それを面倒がらずに謙虚な気持ちで取り組んできた様子が具体的に分かります。❷仕事のどこにやりがいを持っているのか、よく表現できています。

NG 回答例

　大学1年生のときから現在まで、家庭教師のアルバイトをしています。今は小学校5年生を教えています。算数のやり方をすっかり忘れてしまったので、思い出すのはなかなか大変でした。頭の切り替えができずに挫折してやめる友人が多かったのは残念であり寂しくもありました。しかし、私は努力家なので、頑張り通しました。それは自信につながっています。

家庭教師のアルバイトのどこに魅力を感じたのか、なぜ選んだのかなど、学生の人柄が分かるようなことが何も語られていません。また、家庭教師なのに、子どもとの関係について全く語られていないのも気になります。

Q5 卒論のテーマは何ですか?

 面接担当者の意図
「どんな分野に興味があり、どのような知識があるのか」「興味のあることをどのように追及し深めていくのか」を知りたい。

 ポイント
なぜそのテーマを選んだのか、具体的に理由を伝える。取り組み方や考え方の過程を伝える。決まっていない場合は方向性を述べる。

OK 回答例

　児童心理学における「ストローク論」の効果について書いてみたいと考えています。❶ひきこもりやニートが増えている現状を憂慮し、自分にも何かできることがないか、また、人はどういう心理状態からひきこもるのかを知りたくて、心理学を学びました。❷学問的興味が高じて2年生のころから児童福祉センターのボランティアをしており、そこで自分なりに実践してきたことがストローク論につながると教授に教えてもらいました。今後、さらに深く実践と研究を続け、論文にまとめたいと考えています。

面接担当者が聞きたいのは「この人はどういう人か」。❶どうしてそのテーマに興味を持ったのかよく分かります。また、❷興味を持ったことに対する取り組み方もよく分かり、人間性が伝わってきます。

 NG 回答例

❶まだ卒論のテーマ決定の時期ではないので、特に決めていませんが、児童心理学を専攻しているので、「ストローク論」の効果あたりに落ち着くと予想しています。一応、2年生から児童福祉センターでボランティアをしていて、そこでストローク論を実践していたので、面白いことが書けそうな気もします。❷でも、就職活動を通して、日々成長しているので、ガラリとテーマは変わるかもしれません。

❶卒論は大学時代の勉強の集大成なので、「特に決めてません」という答えは、何も勉強していないと言っているのと同じ。一番まずい答えです。また、❷卒論は4年間の「集大成」ですから、ガラリと変わってしまうのもあまり感心できません。

Q6 学生時代を通じて、あなたにとって一番大変だったことを教えてください

面接担当者の意図
「つらいことに対し、どのように向き合い、乗り越えるのか」「つらかった経験を、今どのように生かしているのか」を知りたい。

ポイント
つらいことをどう乗り越えたのか、そのときの気持ちも交えて具体的に話す。体験を今にどう生かせたか話せればなお良い。

OK 回答例

　大学のテニスサークルの総務担当でしたが、もっとも大変だったのは合宿代を期日通りに集金することでした。
100人の大所帯だったので無責任体質が蔓延し、期日通りに払わない人が続出していたからです。❶翌年はアンケートを実施し、それに基づいて合宿スケジュールを決めたり、集金方法に振り込みを加えたり、トップダウンから全員参加型に切り替えました。すると期日が守られるようになりました。❷以来、人を動かすために、物事を順序立てて考え、工夫を加えるようになりました。

面接担当者は多面的にその人らしさを知ろうとしています。❶大変なことをどう乗り越えたのか具体的に述べており、物事にどう対処する人なのかが分かります。❷大変だった経験が今に生かされている様子が分かります。

NG 回答例

　大学のテニスサークルの総務担当でした。最も大変だったのは合宿代を期日通りに払ってくれない人がいたことです。お金が集まらなければ、合宿所を押さえられません。仕送りが足りないなど、苦しい人もいるので強くも言えません。一時は、不足分を自分で立て替えようかと思うほど悩みました。サークルの部員は100人。大人数だと、無責任になる人が出てくることがよく分かりました。

「未解決の大変なこと」の例を出すのではなく、「こうやって乗り越えた」という自分らしさを伝えられるエピソードが必要です。面接担当者によっては、この質問を通じて、どれだけストレス耐性があるかも見ています。

Q7 あなたの趣味は何ですか?

面接担当者の意図
どんなことに興味があるのか、好きなことに対して、どのような気持ちで取り組むのかなどを聞き、どういう人間なのか知ろうとしている。

ポイント
自分にとって趣味とは何か、また、趣味が自分の生活にどんな影響を与えるものなのかなど、経験を交えて具体的に語る。

OK回答例

切手収集です。中学1年のときから続けています。❶記念切手の発売日を事前に調べ、気に入ったものを逃さないようにしています。集めた切手は年代・ジャンルごとにファイルして保管しています。単に保存するだけでなく、❷私は手紙を書くのも好きなので、季節や目的に応じて切手を選んで使っています。切手を通じて自分の気持ちを伝えているつもりです。❸私は小さなことをコツコツと積み上げ、形にすることが得意なので、ライフワークとしてこれからも続けていきたいです。

❶切手収集のどういう点が好きなのか、❷どんな気持ちで取り組み、どんな結果を得ようとしているのかがよく分かり、「どんな人間なのか」が伝わってきます。❸自分の長所についての説明にも説得力が出てきます。

NG回答例

切手収集です。中学1年のときから続けています。記念切手の発売日を事前に調べ、気に入ったものを逃さないようにしています。一部の郵便局でしか売ってないレアものも逃したことはありません。集めた切手は年代・ジャンルごとにファイルして保管しています。ファイル数は、すでに20冊を越え、コレクションとしての価値はかなりのものだと自負しています。

これでは、単に、自分の好きなことを面接担当者に自慢しているだけです。この質問で求められているのは、「どんなことに興味があるどんな人間なのか」などを語ってもらい、うそ偽りがない「自分」を出してもらうことです。

Q8 今日はどうやって、ここまで来ましたか?

面接担当者の意図
「リラックスさせよう」としているケースと、「簡潔に、要領を得た話し方ができるか」を確かめようとしているケースがある。

ポイント
質問を深読みせず、来るまでの手段を簡潔に話す。家から面接会場までの道のりや車内のことなど脈絡なくダラダラ話すのは禁物。

OK回答例

❶千葉県の自宅から地下鉄とバスを使ってきました。都内はあまり詳しくなく、こちらのオフィスの近くも来たことがなかったので、❷遅刻しないように、先日下見に来ました。その際に地下鉄の最寄りの出口が、工事中だということが分かったので、今日は特に迷うことなく来ることができました。そうすることで、時間的にも気持ち的にも余裕を持って、この大切な面接に臨むことができました。私はいつもこうして、大切な約束のために向かう場所はもちろん、話題の店や商品なども、自分の目で確かめることを心がけています。

❶家から会場までの交通手段が非常に簡潔に述べられています。❷「下見に来た」という一言で、物事の準備を万端に整えて慎重に取り組むことができる「長所」を伝えています。どんな質問でも自己PRに生かせるのです。

NG回答例

❶最寄り駅は、自宅からバスで15分ほどかかります。朝は渋滞がひどく、時間通りにこないのが悩みです。駅からこちらまでは、JRが30分、東京メトロが10分、都営地下鉄が10分で合計2回乗り換えです。そのうえ、電車を降りたら駅の出口が工事中で、遠回りになりました。❷ちょっと走りましたが、幸い、余裕を持って出てきたので、面接の時間に間に合うことができました。

❶何も考えずに、ただダラダラと道のりと所用時間を話しているだけなので、脈絡なく聞こえます。❷走ってギリギリに着くのは、準備不足以外の何者でもありません。言うのはやめましょう。

CHAPTER **5** OK&NG例で学ぶ 頻出質問ベスト25の答え方

Q9 あなたの企業選びの基準は何ですか?

面接担当者の意図
「どんな観点で企業を選んでいるのか」「企業選びの真剣さ」「企業研究、業界研究をどのくらい進めているか」を知りたい。

ポイント
企業を選ぶうえで重視している「視点」や「軸」を、自分なりの言葉で、企業研究、自己分析などの成果も交えながら具体的に伝えることが大切。

OK 回答例

　何よりも業界の大手であることを重視します。大手であるということは、お客さまから最も認められていることを表していると思うからです。また、業界大手にはその業界で最も優れた社員が集まっていると思います。さらに、業界のリーダーとしてその業界を成長させるという向上心を持った企業が多いと感じています。そのような環境の中でなら、常に高い志を持ち、絶えず上司、先輩、同僚などから刺激を受けながら、自分が成長でき、レベルの高い仕事ができると思うからです。

面接担当者が知りたいのは、企業選びを通して「どのような考え方をする人なのか」。どうして「大手企業であること」を企業選びの基準にしているのか。本人の考え方がよく分かる回答になっています。

NG 回答例

　英語が得意なので、やはりグローバルに展開していることは第1条件です。そこで、グローバル社員を採用している御社は素晴らしいと思ったわけです。また、若者を積極的に起用したり、新規事業に積極的に取り組んだり、仲間たちと切磋琢磨しながら成長できることもポイントです。御社のそうした点にも魅力を感じました。

この回答のように、志望業界や志望企業の素晴らしさを語り出す人は少なくありませんが、これではあなたの価値観がよく分かりません。自己分析の結果を踏まえて、「どんな基準で企業選びをしているのか」を述べましょう。

Q10 あなたを動物に例えると何ですか?

面接担当者の意図
「あなたはどういう人ですか?」という質問の角度を変えることで異なる回答を引き出し、より深く理解したい。

ポイント
自分の特徴や良さを踏まえたうえで、動物に例える。また、動物に例えた特徴にまつわる具体的なエピソードを話す。

OK 回答例

　ネズミです。私は好奇心が旺盛で、どんなことでも、自分の目で確かめ、肌で感じてから判断をしたいタイプです。人の話やメディアで得た情報を鵜呑みにすることはありません。ですから、興味があるものについては、腰が軽く、すぐに調べに行ったり、首を突っ込んだりします。そして本当に興味を持てるものかどうかを判断するために、さらにチョロチョロと動き回ります。このような行動は、ネズミが食べ物を探してチョロチョロと走り回り、においをかぎわけることと似ていると思うからです。

「好奇心旺盛」「探求心がある」ことを、ネズミに例えてうまく自己PRができています。ちょっと変わった質問は「もっと自分らしさを示してほしい」という人事からのメッセージ。思い切りアピールしましょう。

NG 回答例

　このグレーのスーツの色からもお分かりのように「ネズミ」だと思います。おっと、よく考えれば、家ねずみは茶色だから、ネズミはネズミでも、私のスーツの色はドブネズミということになりますね。最近は、顔までネズミに似てきたような気がします。

このようにウケを狙おうとする学生がいますが、面接担当者が聞きたいのは「あなたがどんな人間なのか」。ウケそうな動物を探すのではなく、PRしたい特徴を考え、それに合う動物を選びましょう。

Q11 最近、どんな本を読みましたか?

面接担当者の意図

知りたいのは、何を読んでいるのかではない。読んだものからどんな影響を受け、どのように考えられる人なのかをアピールしてほしい。

ポイント

高等な本やビジネス書を無理に選ぶ必要はない。きちんと理解できた本を選び、その感想を通じて「自分がどんな人間なのか」を伝える。

> 最近読んだのはデール・カーネギーの『人を動かす』です。ゼミの教授からの推薦でこの本を読みました。この本を読んで、いかに自分が周りの人間とうまくコミュニケーションを図る方法を知らなかったのかを痛感しました。今までは、研究の分野だけでなくどんなことでも、自分が正しくないと思うことは正しくないと表現することが誠実だと思っていましたが、本書を読んだことで、人を動かす、人に動いてもらうためには、あえて誤りを指摘しないことも大切だ、と理解できました。

OK 回答例

本を読むことで自分の欠点に気づき、それに基づいて修正しようと努力できる人だという人間性が伝わります。具体的に「何を学んだか」も語れています。

NG 回答例

デール・カーネギーの『人を動かす』を読みました。ゼミの教授からの推薦でこの本を読むことになりました。やはり世界的な名著と言われているだけあって、非常に感銘を受けました。人を動かすためのポイントはコミュニケーションだと書かれています。近いうちに、同じカーネギーの著書『道は開ける』もぜひ読破したいと考えております。

何を読んだのか、また、次は何を読みたいのかという話に終始しています。面接担当者が知りたいのは、書籍のタイトルやあらすじではなく、読んだものからどんな影響を受け、どのように考えられる人なのかです。

Q12 1日、24時間の使い道をどのようにしていますか?

面接担当者の意図
「普段、時間をどのように使っているのか」「どんな視点でものごとに優先順位をつける人なのか」を知りたい。

ポイント
自分が最も大切にしている時間や過ごし方と、その理由を具体的な話を交えながら明確に話す。

❶24時間で最も大切にしているのは、家族や友人とのコミュニケーションの時間です。家族や友人は私のことをとてもよく理解してくれ、長所も短所もよく分かってくれています。また、良い点、悪い点を指摘してくれることもあります。❷家族や友人と話していると、自分が反省すべき点や改善すべき点を気づかせてくれます。また、励まされたり、勇気をもらったりすることもあります。そんな家族や友人とのコミュニケーションがあるからこそ、私は日々成長できるのだと感じ、大切にしています。

OK回答例

❶24時間の中で、自分が大切にしている時間をはっきり述べられているし、質問の意図をきちんと理解していることが分かります。❷それが自分にとってどうして大切なのかという理由を中心に述べているのも好印象です

NG回答例

朝は7時に起きて、8時半には学校に行きます。大抵、そこで友人に会うので、そこからは友人と行動をともにすることが多いですね。学校の授業は午後3時までで、その後は、サークルのたまり場にちょっと顔を出します。5時から9時まではアルバイト。家に着くのはだいたい10時ごろ。本を読んだり、ゲームをしたり、たまに勉強などして12時前には就寝するという感じです。

面接担当者が聞きたいのは24時間のタイムスケジュールではなく、24時間という時間の使い道を通して「どういう人間か」ということです。しかし、「24時間の使い道」と尋ねれば、99%の学生が、このような答え方をします。

CHAPTER 5
OK&NG例で学ぶ 頻出質問ベスト25の答え方

Q13 これまでにした、一番の失敗は何ですか?

面接担当者の意図
単なる失敗談ではなく「失敗をどう克服するのか」という話を通じて、物事に対してどのように向き合い、どのように行動するのかを知りたい。

ポイント
失敗の原因をどう分析しどう克服したか、失敗をどのように挽回したかなどを、具体的なエピソードを交えて語る。

OK回答例

　高校受験です。志望高校に入学することができませんでした。難関校だったのにバンド活動に熱中して勉強しなかったことが一番の理由です。しかし、当時は志望校に入れなかったという結果だけを重視してひどく落ち込み、一時的に消極的になり、時間を無駄にしました。今では結果が出ないときには、❶何が原因だったのかをよく考え、次に生かす努力をするようになりました。❷大学受験のときは、この失敗を教訓に計画を立て、合格に必要な勉強時間を捻出することで結果を出すことができました。

❶改善すべき点をきちんと考えていることをアピールできていていいでしょう。❷高校受験の際の問題点を分析して、大学受験でどのように克服したのかが具体的に述べられています。

NG回答例

　高校受験です。志望する高校に入学することができませんでした。一緒に受験した仲良しグループは全員受かって自分だけが違う学校に行くことになったのもショックでした。みんなと違う制服なのが恥ずかしくて、友だちとは疎遠になってしまいました。結局、大学受験も失敗してしまいましたので、自分は勉強では挫折したととらえています。

自分の失敗について詳しく話しても意味はないし、何のアピールにもなりません。「この失敗をどのように克服したか」というエピソードまで交えて、失敗をバネにがんばれる人間であることをアピールしましょう。

Q14 この会社でどんなことをしたいですか?

面接担当者の意図
「この会社でやりたいことが具体的に見えているか」を尋ねることで、会社に対する熱意や意欲を探りたい。

ポイント
「やりたいこと」を会社の方向性に合わせる。具体的な内容を、自分の特徴や良さの生かし方とともに伝える。

OK回答例

　お客さまから最も頼りにされる営業社員として会社に貢献したいです。お客さまの注文に応えるだけでなく、隠れた問題点を明確化して、解決策を提案したいと考えております。❶これは貴社が掲げる営業スタイルと重なると思いました。私は学生時代に塾講師をしていました。❷その際、成績不振の生徒とこまめに話すことで、隠れた問題を見つけ出し、改善することで、成績を向上させました。この経験から、隠れた問題点を明確にし、解決策を見つけ出す仕事をしたいと思うようになったのです。

❶自分の願望をただ無邪気に言うのはNG。きちんと志望企業を研究し、その企業が持っている強みや目指している方向性にマッチした「やりたいこと」を話しましょう。この学生はしっかり語れています。❷塾講師のエピソードは、志望動機に説得力を持たせるだけでなく、解決策を提示できる能力も示していて、好印象です。

NG回答例

　私は、お客さまを感動させるような、画期的な商品をつくりたいです。私は、今まで消費者の立場から、御社の商品に感動させられることが多々ありました。例えば、何千曲もの音楽をコンパクトに持ち歩ける音楽プレーヤーは素晴らしく、すぐに手放せない存在になりました。私も、世の中に大きなインパクトを与えるこのような商品を生み出せるよう、御社で頑張りたいと考えております。

商品開発を希望する人は作りたいものを具体的に語れないと浅はかな印象になります。また、「女性に支持される商品を作りたい」という女子学生は多いですが、志望企業の方向性と合っているか見極めてから語らなければいけません。

**あなたの長所は
どんなところですか?**

**面接
担当者の
意図**
「長所を理解しているのか」「長所をどのように生かしている
のか、また生かしていこうとしているのか」を知りたい。

ポイント
「積極性」「リーダーシップ」といった一言で長所を表し、なぜ、
それが長所なのか、今後、その長所をどう生かしていくのか
伝える。

**OK
回答例**

　私の長所は、初対面の人と短時間で
親しくなり、多くの人を巻き込む人間関
係構築力です。それを強く認識したのは
2年生の夏に北海道で農業ホームステイをしたとき
です。どの農家も学生たちとの接し方が分からない
雰囲気だったので、私が先頭を切って町の人たちに
積極的に話しかけ、打ち解けていきました。食事な
どに招待されると、そこにほかの学生も誘い、次第
に学生と農家の絆が深まっていきました。人と人を
結び付けるのは楽しいことです。今後も長所を生か
して、人と人をつなげていきたいと思います。

長所をきちんと認識
し、それを生かすことに
よって、具体的にどんな
ことができるのかが具
体的なエピソードとと
もに語られています。
また、長所を生かしてど
んなことをしたいのか
も述べ、仕事の志向も
うまく伝えています。

**NG
回答例**

　私の長所はコミュニケーション能力の高
さです。2年生の夏に北海道で農業ホーム
ステイをしたときには、多くの学生が農家
との付き合い方に戸惑う中、❶私だけはすぐに打ち解
け、いろんな家庭から食事に誘われるほど仲良くなりま
した。❷一緒に参加した学生たちから、「コミュニケー
ション能力が高いね」と言われたため、私は「コミュニ
ケーション能力が高い」のだと認識した次第です。

❶「どうして、この学生
だけが打ち解けられた
のか」が具体的に語ら
れていないので良さ
が伝わりません。❷面
接担当者が知りたいの
は、人からどう言われて
いるのかではなく、自
分が長所をどう理解し
ているかです。

Q16 どうして今日はその格好を選んだのですか?

 面接担当者の意図
服装を通じて、主体的な意見を持っているかどうか、それをどう述べるかを知りたい。

ポイント
「なぜ就活における面接を受けるのにこの服装を選んだのか」、自分なりの考えを明確に述べる。

 OK回答例

　私が紺色のスーツや白いワイシャツを選んだのは、目上の方とお会いするときに失礼にあたらず、かつ不快感を与えない服装だと考えたからです。
　この就職活動は社会人になるための第一歩です。❶社会人としての身だしなみ、つまり目上の方々にお会いする際に失礼にならない服装は何かと考えると、落ち着いた色調のスーツと白く清潔なワイシャツであると考えました。

就職活動がどのような位置付けの場であり、その場にふさわしい格好とは何か、自分の考えをしっかりと語ることができてきます。❶このように、理由までしっかり話せているときは、長々と話す必要はありません。この質問に関しても、このぐらいの長さで十分です。

 NG回答例

　一般的に、就活では紺かダークグレーのスーツが望ましいと言われているからです。私はそのようなルールを守ることが大切だと大学の先輩から伺ったので、本日もスーツでお伺いさせていただきました。

「先輩がそう言っていたから、何も考えずに、スーツを着ている」というように聞こえてしまいます。主体性が全く感じられません。気の利いた回答である必要はないので、自分なりの考えを語りましょう。

CHAPTER **5** OK&NG例で学ぶ 頻出質問ベスト25の答え方

147

Q17 当社の課題は 何だと思いますか?

面接担当者の意図
「企業の現状をどれだけ理解しているか」を知ることで、その企業に対する志望度の高さを確認したい。

ポイント
業界・企業研究を進めたうえで、学生の視点で感じた課題を話す。

OK 回答例

　新たな市場を探し出すことだと思います。御社は文房具で国内最大のシェアを獲得していますが、今後は人口が減るので、同じことを続けていたら成長が止まると思います。売上を伸ばすには高級品を売る手がありそうですが、❶すでに使いやすい文房具が多い中そう高級品が売れるとも思えません。先日、❷OBの方からベトナムでの業務提携のお話を伺いました。今後成長しそうな国へ進出することが大切だと私も思います。英語サークルで培った異文化交流の経験が生かせるのではないかと思っています。

「国内シェアは高い」が「市場が飽和状態で、伸び悩んでいる」企業の現状を理解しています。このくらいまでは、業界・企業研究を進めておきたいところです。❶打開策に関して、自分なりの意見が言えているのもいいでしょう。❷OB訪問に触れることで、会社への志望度の高さもアピールできています。

NG 回答例

　御社の課題は、御社の住宅の工法にあると思います。最近では「○○」という新しい工法を導入している企業が増えていますが、御社ではまだ導入していません。御社でも「○○」を始めることで、他社に流れた顧客を再び取り戻せるのではないかと考えます。

背伸びして専門的なことを話す必要はありません。「なぜこの工法が良いと考えるのか」などと深く突っ込まれて、しどろもどろになる可能性が高いです。自分の分かる範囲で回答をすることが重要です。

Q18 希望していない部門に配属された場合、どうしますか？

面接担当者の意図　希望している部署だけでなく、「この企業に魅力を感じているか」を知りたい。

ポイント　企業に対する熱意や意欲を話す。「将来的には希望職種につきたい」と目標を伝えるのはOK。

OK回答例

　希望していない部署であったとしても、やり甲斐を持って働ける自信があります。それは、❶御社を志望したのは、仕事内容に魅力を感じただけでなく、御社の企業理念や社風に魅力を感じたからです。同じ会社なら目標は同じですから、御社の一員になることができたら、どの部署でも目標に向かって頑張れると思います。❷将来的には、希望する商品企画部で頑張りたい気持ちもありますが、ほかの部署で働いた経験があった方が、商品企画にも役立つと考えています。

NG回答例

　希望通りにいかないことは人生にはたくさんあることですから、自分の希望は押し殺して働くつもりです。しかし、私は御社の商品企画の仕事に非常に魅力を感じているので、できれば商品企画の部署に配属していただきたいというのが、正直な気持ちです。

新卒採用では職種別採用でない限り、特定職種での採用は約束されせん。希望以外の部署への配属は十分ありえる話。それでやる気をなくすような学生を、企業は雇いたくありません。この質問をされたら、❶企業への熱意を話し、「希望通りの部署でなくても、やる気をなくすことはない」ことをアピールしましょう。❷ただし、将来の希望を述べるのはOKです。

仕事への熱意があるのは良いことですが、「希望しない部署に配属したら、不満を抱いて、すぐに辞めてしまいそう」な雰囲気がプンプン漂っています。ほとんどの企業は採用を見送るでしょう。

Q19 いつまで働こうと思っていますか?

面接担当者の意図
「すぐに辞めようとしていないか」を探りたい。

ポイント
「将来の設計をしっかり考えていて、長く働く意思がある」ことを伝える。

OK回答例

　御社の活動の役に立つことができ、御社が私を必要としてくださる限り、できるだけ長く働きたいと考えています。❶私は、社会に出て自分の力を発揮し、それを評価してもらいながら働き続けることを一生続けたい思いがあります。❷この先結婚をすることがあっても、仕事を続けたいと思っています。私は小学生のときから今日まで15年以上も剣道を続けてまいりましたが、❸長く続けることで新たな世界を発見でき、自分を高められる喜びを実感しました。御社でも同じ喜びを味わいたいです。

「入社数年で辞めないか」と探る質問です。この回答はその疑念を払拭できています。❶長く働き続けたい理由が語られていて、回答に真実味があります。❷将来のことは分かりませんが、現時点の気持ちを述べればOKです。❸自己PRも上手に織り交ぜられています。

NG回答例

　将来的には子供を産みたいと考えております。出産後は育児をしながら働きたいと思っていますが、育児とは私が予想するよりもはるかに大変なことだと思っております。仕事と育児の両立ができるかどうかは、そのときにならないと分かりません。ですから、出産後も仕事を続けられるかは確約できない、というのが正直なところです。

誠実さをアピールするために、「確約はできないこと」を話しているのかもしれませんが、面接担当者には「仕事に対してあまり熱意がないのかも」ととられてしまいます。

Q20 10年後、どうしていたいと思っていますか?

面接担当者の意図

業界・企業研究を通じて、「『10年後にこんな仕事をしたい』というキャリアビジョンを考えているか」を確認したい。

ポイント

「このような役割を果たしたい」「こんなプロジェクトに携わりたい」とできるだけ具体的にキャリアビジョンを語る。

OK 回答例

❶数店舗を束ねるエリアマネジャーの仕事をしていたいです。私は大学時代、ラクロスのサークルにいたのですが、伸び悩んでいる後輩からよく相談を受け、どう練習すればいいかを一緒に考えました。それがうまくいき、上達する後輩を見ると、大きな満足感を得られました。同様に、御社でも、各店舗をサポートすることで、お客さまに良いサービスを提供することができる店をたくさん生み出したいです。❷そのためにはまず、店舗での業務経験をしっかり積んで、店長になることを目指します。

❶どんなキャリアビジョンを描いているのか、なぜそんなキャリアを目指したいのかを、はっきりと語っていて、非常に期待が持てます。さらに、❷そのキャリアビジョンを実現するためには、企業での経験を地道に積むことが必要、と考えていることも好印象。真摯に働く姿が目に浮かびます。

NG 回答例

結婚して、子どももいるような幸せな家庭を築いていたいです。緑豊かな郊外に一軒家を買って、休日は子どもや友人とバーベキューなどをして、のんびり過ごす。これが私の長年の夢でした。この夢を実現するためには、地道にお金を稼いで、コツコツ貯金をすることが大切だと思っています。御社に入社できたら、一生懸命働きます。仕事でつらいことがあっても、この夢のことを考えれば、耐えられます。

将来を聞かれた場合、このように個人的な夢を語る人がいます。ですが、面接はあくまで就職のための選考の場なので、やはり仕事や職業観にかかわることを答えるべきでしょう。

Q21 当社のホームページを見て、何が一番印象に残っていますか?

面接担当者の意図　「どれだけ企業に興味を持っているか」「興味を持っていることは何か」を確認したい。

ポイント　興味や面白さを感じたことを話す。「なぜ印象に残ったか」の理由も必ず話すことが大切。

OK 回答例

　入社3年目から5年目の社員の方々が、今、手がけている仕事について説明しているページです。営業や研究、生産管理など、業務はバラバラでしたが、すべての方が目標に向かって生き生きと仕事をしている様子が伝わってきて、印象的でした。中でも心に残ったのは、私が希望する営業職の方です。数多くの製品からお客さまの要望に合った製品をご提案し、感謝される姿を見て、自分の将来像を思い描きました。3年後には、私も自分のコメントを書かせていただけるようになりたいと感じました。

「真剣に志望しているなら、ホームページには隅々までしっかり目を通していて当然」という質問。もっとも、単にホームページに書かれていた内容を話すだけでは足りません。大切なのは、この学生のように「なぜ印象に残ったか」という理由もしっかり語ること。「本当にこの企業に興味を持っていて、働きたいと思っているかどうか」が伝わってきます。

NG 回答例

　ホームページのデザインがすごくおしゃれな点です。空と海をモチーフにしたことで、開放感や爽やかさなどが醸し出されていて、御社のイメージアップに貢献していると思います。情報がうまく整理されていて、必要な情報にすぐさまたどり着けることも、ポイントが高いと思います。

ホームページのつくりを褒めているだけで、この学生の人間性が何も見えてきません。あくまでも、自分がその企業を志望しているということを前提に、自分なりの仕事観が伝わるように話しましょう。

Q22 自分の弱点はどんなところだと思いますか?

面接担当者の意図
「弱点も含めて自分をどれだけ把握しているか」「弱点をどう克服しようとしているか」を知りたい。

ポイント
弱点を隠さず、素直に話す。弱点とどう向き合っているかを話す。「弱点でも裏を返せば長所になる」は意外とNG。

目の前のことで一生懸命になり、自分の役割を忘れてしまう点です。3年間続けた居酒屋のアルバイトでは、新人のアルバイトに仕事を教える立場になりました。しかし、担当するお客さまへの対応で一生懸命になり、つい後輩指導が後回になっていました。その店は過去最高の売り上げを達成できましたが、新人アルバイトの半分がついていけずに辞めてしまいました。長期的に考えると非常に痛手です。今後は自分の置かれた状況と役割を俯瞰し、何を優先させるべきかを考える必要があると思っています。

自分の弱点を、エピソードを交えてしっかり語れています。弱点との向き合い方も明確で、「自分を客観的に見て、行動できる人」という印象を受けます。弱点はそう簡単に克服できないものなので、「克服した」という必要はありません。

私の弱点は、飽きっぽいところです。しかし、裏を返せば、好奇心が旺盛で、トレンドに敏感と言えると思います。私は、ウィンドウショッピングが大好きで、毎週末になると、1都3県のデパートやショッピングモールなどに行き、くまなく店を回ることを習慣にしています。こうすることで、常に世の中の流れをつかむようにしています。

「弱点でも裏を返せば長所にもなる」論法。不利になることは話したくないから、こういう論法になるのでしょうが、面接担当者には「弱点との向き合い方を聞きたいのに、はぐらかしている。誠実ではない」と思われてしまいます。

CHAPTER 5 OK&NG例で学ぶ 頻出質問ベスト25の答え方

Q23 お客さまから無理な注文を されたらどうしますか?

 面接担当者の意図
解決法とともに、仕事の優先順位のつけ方を見極めることで、あなたの「バランス感覚」を判断したい。

 ポイント
「自分ならどう対処するか」を具体的に話す。過去の体験とつなげながら伝えると、リアリティーが出る。

 OK 回答例

❶自分が答えを出せることがあれば、お答えし、判断できないことは先輩や上司に相談しながら進めたいと思います。現在、私はオーケストラサークルに所属しております。2年生の時から副代表を任されており、サークルのメンバーや外部の方々からいろいろな依頼や要望を受けました。❷その際も自分の勝手な判断で行動するのではなく、先輩などに相談しながらことを進めてきました。そうすることで、スムーズに対応できた経験があるので、この場合もこの経験を生かしたいと思います。

❶「まず自分が対応しようとする」ということで自発性を、同時に「判断できないことは先輩や上司に」と答えることで協調性も伝えられています。つまり「バランスの良さ」をアピールできている、というわけです。❷サークルの実体験を交えることで口先だけではない、仕事に対する誠実な姿勢を見せられています。

 NG 回答例

「それは難しいので、ムリですね!」とはっきり言うと思います。できることならできるけど、できないことはできない、と伝える。それも社会人としての誠実な態度、不可欠な姿勢だと思っているからです。だから、素早く、はっきりと断ってしまうと思います。

会社の一員になるということは会社の看板を掲げて働くということ。社員の立場をわきまえずお客さまと接してしまいそうな人は避けられてしまいます。面接担当者からの心象は著しく悪くなるでしょう。

Q24 今朝、新聞を読んできましたか?

面接担当者の意図
1. 社会や政治など広い視野を持っているか見極めたい
2. どんなことに興味を持っているのか知りたい。

ポイント
「はい」「いいえ」ではなく気になったニュースを取り上げ「なぜ気になったのか」までしっかりと伝える。

OK 回答例

　はい。毎日新聞を読んできました。今日、印象的だったのは、昨日の夕方に発表されたアメリカの大手メディア企業による、日本の学生ベンチャー企業買収の記事です。❶私は将来、起業したいという希望を持っていますので、とても興味深く読みました。❷あとはスポーツ欄にダルビッシュ有投手のインタビューがあり、こちらも熱心に読みました。草野球チームですが私もピッチャーをしているので、ダルビッシュ投手の練習姿勢やモチベーションの維持の仕方はとても参考になりました。

❶そのニュースが気になった理由が明解なため、学生の視点や興味が分かりやすく伝わります。さらに、そのニュースに対する「意見」が入れば、さらに良い回答例になります。❷経済に加えてスポーツニュースも加えることで、人間味を多層的に伝えられています。

NG 回答例

　はい。毎日新聞と朝日新聞、そして日経新聞に目を通してきました。僕は経済学部なので、やはり経済系のニュースは気になりますね。一般紙も経済欄はとくに熱心に読むようにしています。

興味がないのに、無理に経済などの話題について語ろうとする必要はありません。たくさんの新聞を読む必要もありません。面接担当者が知りたいのは何新聞を読んだかではなく、読んだニュースから何を考え、何を思ったかです。ただし、新聞を読んでいないのは論外です。

CHAPTER 5 OK&NG例で学ぶ 頻出質問ベスト25の答え方

155

Q25 最近、うれしかったことは何ですか?

面接担当者の意図
どんなときに、どのように喜びを感じるか、を見極めたい。つまり、あなたの「価値観」を知りたい。

ポイント
心からうれしいと思ったことを「なぜうれしかったか」を交えて伝える。そのために超えた壁も伝える。

　部長を務めるフットサルチームで優勝を果たしたことです。❶実は1年前に惨敗した地区大会後、メンバー全員「来年リベンジを!」とまとまり、苦しい練習を重ねてきました。フットサルはチームワークがなければ勝てません。❷そこで話し合いを欠かさず、互いの長所と短所を理解したうえで活動してきたのです。戦術に関する意見がまとまらず、苦労したこともありました。しかし同じ目標を持つ仲間だからこそ乗り越えられたと思います。❸優勝が、仲間が一丸となって壁を乗り越えた証であることが、何よりうれしかったです。

❶「惨敗し、悔しかった」と背景を語れば喜びの価値を共感してもらいやすくなります。❷具体的な対策を伝えることで「努力家」という特徴をアピールできています。❸「なぜうれしかったか=仲間と苦難を乗り越えた」と深堀りすることで、面接担当者に自分の性格や価値観を伝えることができます。

　先週、大学の友人たちが集まって、僕の誕生日パーティーを開いてくれたことです。実は誕生日から2日ほど経っていたので、「忘れられているのかな……」と思っていたのですが、サプライズで友だちの家に皆が集まってくれたことは、とても驚いたし、やっぱりうれしかったですね。

「うれしかった」というだけのエピソードで「なぜ」が抜け落ちています。これではまず共感してもらえないし「価値観や性格を知りたい」面接担当者の狙いを満たしていません。単なる感想になっています。

面接の現場を再現!
マイナビ模擬面接

これまで、さまざまな角度から面接の基礎について説明してきました。

CHAPTER6では、総仕上げとして、実際の面接やグループディスカッションを例に、どのような発言が評価されるのか、どのような発言が評価を下げるのかについて、詳しく説明していきたいと思います。

個人面接は5つのケース、グループディスカッションは3つのケースをそろえました。

しっかり学んで実践に即した力を身に付けましょう。

模擬面接【個人編】 自分の経験を突きつめて人間性を具体的に伝える

　最近は、多くの学生が留学やボランティアなど多様な経験を積んでいます。しかし、それらを就活に生かせているかというと、生かせていない人がほとんど。その理由は、その経験が、自分にとってどんな意味があるのか、自己分析をしきれていないからです。下記の例は格好の教材です。

プロフィール

個人面接 **1**

名前：高橋ヒデアキ
学校：私大大学院／工学研究科
志望業種：総合建設業（ゼネコン）　**志望職種**：エンジニア
プロフィール：明るく活発で、リーダーシップも取れる。学生時代に所属していた体育会テニス部で培った根性もアピールポイント。日々行なっているテニスの練習や筋力トレーニングのおかげで、体力にも自信あり！

自己分析のステップ

中学・高校・大学時代に打ち込んだこと
- 中学・高校・大学とテニス部に所属。大学2年時に故障するが、部内マネジメントに従事
- 大学時代、体育会45団体3000人をまとめる体育会の委員長も務める
- 大学院では一般企業や国際NGOでインターンシップに打ち込む

自己分析
- 明るく活発　　●気力、根性と体力がある
- 人をまとめていく能力がある

自分の特徴・良さ・価値観
「私は、大勢の人をまとめあげるリーダーシップのある人間です」

〈志望動機のまとめ方〉

❶ なぜ建設・土木業界に興味を持ったのか
- 18歳のとき、テレビ番組で、建設技術者が、自分たちのものづくりに使命をかける姿を観て、自分もそうなりたいと思った。

❷ なぜ建設業界の他業種ではなく、ゼネコンなのか
- 海外、特に途上国地域で、大規模な橋や井戸やダムなどの大きな社会インフラに携わりたいから。

❸ なぜ数ある同業他社ではなく、この企業なのか
- 18歳のときに観たテレビ番組で取り上げられていたのが、この企業の技術者だった。
- 海外受注にも力を入れていくと伺った。

❹ この企業で何がやりたいのか
- ❷と同様。途上国地域で大きな社会インフラに携わりたい。

❺ ❹に対し、自分の強み・良さをどう生かせるか
- 体力があり、長時間でも、現場に立ち続けられる。
- 体育会委員長や部活で培った、人をまとめていく能力は、現場で生かせると思う。

「自分」を知ってもらうために、具体的に伝える

＜面接スタート＞

才木：まず、自己紹介をお願いします。

高橋：はい。○○大学大学院工学研究科の高橋ヒデアキと申します。大学では、コンクリートについて研究をしております。課外活動は、体育会テニス部に所属しております。アルバイト経験としましては、不定期で飲食店のスタッフを経験させていただいております。本日はよろしくお願いいたします。

才木先生's コメント

「自己紹介」と言われると、自己PRなのか、このように自分について紹介するのか、迷う人も多いでしょう。どちらでも間違いではありません。迷った際には「自己PRでよろしいですか？」などと、面接担当者に確認してみてもいいでしょう。

159

才木：それでは、学生時代に打ち込んだことを教えていただけますか。

高橋：自分は大学4年間、体育会テニス部に所属し、1、2年時はレギュラーとして日々、部活の練習と試合に励みました。大学4年間で、平塚から大手町まで4時間で走れる体力と、真夏のしごきにも耐えられる根性を養いました。自分個人のことだけでなく、部活全体のことを考えることが好きなので、3年時は主務、4年時は副主将として、部内マネジメントにも努めました。相手チームに勝つために研究をしたり、練習日程を計画したり、対外試合の調整をしたり、ときには後輩の相談などを聞いたりする役割を担い、チームが一致団結するために努力を重ねました。

また、❶大学4年時に体育会45団体3000人をまとめる体育会の委員長も務め、体育会行事の企画・運営や文化祭などの企画・運営も手がけました。

現在では、大学院でコンクリートの研究をする傍ら、一般企業やもともと興味のあった国際NGOでインターンシップに打ち込んでおります。国際NGOでは、組織マネジメントやコミュニケーションスキル、ビジネススキルなどを学ぶこともできますので、いつか、このインターンシップの経験を自分の社会生活の役に立てていきたいと思います。

才木：テニスは、どれくらい続けていらっしゃいますか。

才木先生's コメント

体力と精神力を鍛えるために行なった努力を具体的に話しましょう。また、途中苦しかったこと、つらかったこともあるはずなので、具体例を入れて話すことで、より"あなた"が伝わります。

❶団体の規模や果たした役割も明確にしよう

「大学4年時に45団体3000人をまとめる体育会の委員長も務め、体育会行事の企画・運営や文化祭などの運営・企画も手がけました」と話したことで、どれくらいの規模の団体であるかが分かり、あなたの果たした役割の大きさが伝わります。具体的な数字などがなければ、あなたの果たした役割の大きさが伝わりにくいので、これは大切なポイントです。初対面の人に自分を理解してもらうためには、できる限り「具体的に」を心がけること。それだけ、大きな組織の委員長を務めていたのですから、ただやっていた事実だけではなく、その役割を務めて感じたやりがいについても触れてみるといいでしょう。

高橋：小学校5年生のころから始めまして、中学、高校、大学と、延べ11年間になります。

才木：小学生からずっとテニスを続けているということですが、小学、中学、高校ともに学校の部活でテニスをしていたということですか。

高橋：❶はい。学校の部活でやっておりました。高校のときには、さらに自分のレベルアップを図りたいと思い、部活に所属する傍ら、部活の後に地元のテニススクールで、テニススキルや勝つための技術などを学んでいました。

才木：何か大会などでいい結果を残したという経験はありますか。

高橋：❷はい。高校3年生のときには、団体戦でインターハイに出ることができました。その際にダブルスで出場することができたのですが、残念ながら負けてしまいました。その負けた経験と悔しさが、大学に入ってからの絶対に勝てるようになりたいという思いを生み、大学でも部活を続けるきっかけになりました。

才木：インターハイ出場の際に、困難だったこと、大変だったことについて、もう少し具体的に教えてください。

高橋：団体戦での出場だったので、いい結果を残すためには、チームワークの良さが最も必要になりました。特に、私はダブルスでの出場だったので、パートナーとのコンビネーションがとても大切だったのです

❶11年間のテニスを使って、もっとアピールを

「学校の部活でやっておりました」だけでは、せっかく11年間も続けてきたことの素晴らしさが伝わりません。11年間テニスを続けることができたことを話すチャンスです。つまり11年間のテニスを通じて、"自分をアピールするチャンス"。11年間も1つのことを続けてきたのですから、苦労や困難なこと、壁にぶつかったことなどがあったはずです。それをどのように乗り越えることができたのか、具体的な方法とともに話すことで、よりあなたという人間を理解してもらえるはずです。

❷結果だけではなく過程も伝える

インターハイに出ることができたが、残念な結果だったという事実は分かりました。しかし、その結果だけを伝えても何にもなりません。せっかく「いい結果を残したという経験はありますか」と聞かれたのですから、そのインターハイに出場するまىにどんな努力があったのか、どのような困難を乗り越えたのかを伝えることが大切です。その努力が具体的にどのようなものであったのかを伝えることで、よりあなたらしさが伝わります。

が、初めての大きな大会への出場だったので、私もパートナーも余裕がなくなってしまいました。もっとお互いを思い合ってゲームを進められれば、いい結果が残せたかもしれません。

才木：大学ではどうでしたか。

高橋：１年時は、努力も実ってレギュラーになることができたのですが、２年生の後半に手首と腰を痛めてしまいまして、❷基本的にはもうレギュラーとしてテニスを続けることができなくなってしまいました。

しかし、自分は何かしらの形で部活に貢献したいと思っていましたので、選手としてではなく、部内をまとめるマネジメントに携わっている方が自分にとっても良い選択だと思い、主務と副主将を務めました。

何を学んだか整理できているか

才木：先ほど、一般企業でのインターンシップや、国際NGOでもインターンシップを経験していらっしゃるとおっしゃっていましたが、そのことについて具体的にお話しいただけますか。

高橋：まず、❸３年時に建設会社の現場補助業務のインターンシップを１週間ほど務めさせていただきました。自分が志望している建設業界の現場を一度経験してみたいと思っていたので、現場を知ることができ、大変よい機会になりました。

また、❸今、１年間続けている国際協力NGOセンターでのインターンシップは、

❷**テニスに対する思いで
人間性が分かる**
レギュラーとしてテニスを続けることはできないが、テニス部に携わっていたいという気持ち、またそこで果たせる役割を見つけたことについて話せているのはいいことです。高橋くんのテニスに対する思いが伝わってきます。ここで、もう少し話を具体的にできるとさらに良くなります。テニスや部活に、そこまでこだわる理由を考えてみることです。よりあなたの気持ちや考え、人間性が伝わります。

❸**インターンシップの経験は
学んだことも話す**
志望している建設業界のインターンシップを経験することで、現場を知ることができた、だけでは何にもなりません。第１志望の業界のインターンシップを経験する目的、そして結果として学んだこと、得たことが具体的に話せなければ意味がありません。面接担当者にあなたの志望する気持ちに疑問を持たれてしまう可能性もあります。どのようなことも「良い経験」「いろいろなことを学べた」などあいまいな発言は避け、より具体的な内容で話せるようにしましょう。そうでなければ、あなたという人間は伝わりません。

もともと国際協力やNGOに興味があったので、就職の進路の1つというよりは、興味のある国がどのような活動をしているのかを知りたくて参加しました。

そこには人材育成部門というところがありまして、組織マネジメントやコミュニケーションスキル、ビジネススキルなども学ぶことができました。いろいろな補助業務などを経験しながら、ビジネスマンとしての基礎を学ぶことができ、自分のスキルを高めるためにも、大変勉強になりました。この経験はいつか自分の社会生活の役に立つのではないかと思っています。

志望動機では理由と
やりたい仕事内容も明確に

才木：では、志望動機について、お聞かせいただけますか。

高橋：④自分が御社を志望しましたのは、進路をいろいろ決めかねて悩んでいた18歳のときに、テレビの某番組で、御社の技術者の方がさまざまなリスクを抱えながらも、自分たちのものづくりに使命を感じている姿を観て、憧れたからです。いつか自分もそんなエンジニアになりたいなと思い、建設業界、土木分野を志望しました。

また、私は、海外、特に途上国地域で、大規模な橋や井戸やダムなどの大きな社会インフラに携わりたいという希望がありました。建設業者の中で、御社を選びました理由は、海外でものづくりに携わりたいと

❸「理由」をしっかり話せば、
　より伝わりやすくなる
　NGOでインターンシップを経験してみたいと思った理由がはっきり話せているのはいいと思います。また、理由の後に、NGOでのインターンシップ経験によって、学んだこと、得たことを具体的に話せています。ここまで話すことができれば、面接担当者にも具体的なイメージがわきやすくなります。また、「興味のある国が」とありますが、具体的な国名を出してもよかったですね。そこから、面接担当者との話に広がりが出たかもしれません。

❹興味を持ったきっかけを
　エピソードとともに話す
　「18歳のときに……」と、その企業に興味を持ったきっかけが話せることは大切なことです。ただ、次に「素晴らしい商品を出していると思って興味を持ち、調べていくうちにこんなことが分かって、それはまさに自分がやりたいことと同じだと感じたから」というところまで、志望理由では伝えられるといいでしょう。「現場で働きたい」理由を加えることで、より具体的な志望動機になります。

いうきっかけになった企業であること。海外受注にもこれから力を入れていくと伺ったこと。そして、何より伝統があるからです。日本の100年をつくってきた企業であると思いますが、❹自分はこれからのアジアの100年をつくっていける現場に立ちたいと思っております。また、御社は「現場第1主義」を掲げていて、現場で働きたい自分にとっては、とても魅力的だなと思いました。

才木：あなたの持っている能力や良さを、どのような形で当社に提供できると思いますか。

高橋：建設業というのは、体力、そして気力が求められると思います。やはりどんな長時間でも、その現場に立ち続けられる体力が第1だと思います。特に土木という分野では、長期間の仕事を求められるという特徴がありますので、❺自分の培った部活での経験は、土木の現場でも生かせるものだと思います。そして、体育会委員長や部活で培った、人をまとめていく能力は、現場で絶対に生かせると思います。

才木：もし当社に入社したら、10年後にどうなっていたいか、教えてください。

高橋：先ほども申しましたように、まずは現場で経験を積み、1から建設にまつわるさまざまな技術を習得したいと思っております。そして、その経験を生かして、ゆくゆくは人の上に立つリーダーとしての役割を担っていきたいと思っております。

才木先生's コメント

特に途上国にこだわる理由を伝えることも大切。経験をもとにそう考えるようになったのであれば、その経験を具体的に話しましょう。

❹面接で話す内容には一貫性を持たせて
「アジアの100年を……」「途上国……」などのポリシーとなる部分は、前に述べた内容を常に意識しながら、一致させる必要があります。

❺自己PRのキーワードは必ず具体例と抱き合わせで
主張だけで具体例がなく、説得力に欠けます。
培った体力、まとめていく能力について、面接担当者から掘り下げた質問があったときに、具体的に話せる経験やエピソードをまとめておきましょう。

❺そのためには、まずは目の前の仕事を責任を持ってこなし、周りの人たちの信頼を得ることが大切だと思っております。つらいことがあっても、弱音を吐かず、1つひとつの仕事を懸命にこなして、力をつけていきたいと思っております。そして、人間としても大きくないと、リーダーの役割は果たせないと思っております。

才木：分かりました。本日はありがとうございました。

高橋：どうもありがとうございました。

❺**目標を達成するための方法をプラスする**

「10年後にどうなっていたいか」と聞かれると、多くの人は自分が目標とする姿ややりたい仕事を挙げるだけで終わってしまいますが、高橋くんは、「目標とする自分になるためにはどうすればいいのか」という方法まで述べることができています。これは素晴らしいことです。ここまで具体的に目標達成までの心構えができていれば、面接担当者も「熱意を持って働いてくれるだろう」と判断できるはず。きっと良い結果につながることでしょう。

面接を終えて……才木先生より

テニスの「目標・結果」をさらに振り返って

全体的によく話せていると思います。しかし、もう少し具体的な例を挙げて「自分がどのような人間であるか」を深く理解してもらう必要があります。例えば、11年間テニスを続けていた中での「目標・結果」について振り返ってみてください。そうすることで、あなたの取り組み、考え、気持ち、価値観がはっきり見えてくるのではないでしょうか。

また、インターンシップの経験についても同じことが言えると思います。これだけ貴重な経験をしていろいろなことを感じているのですから、その部分を自分の中ではっきりと言葉にして、面接担当者に伝えるようにすると、さらにいいでしょう。

模擬面接【個人編】 : あれこれ欲張らずに 一貫性のある話をしよう

さまざまなことに一生懸命取り組んできた人が陥りがちなのが、話に一貫性がないこと。たくさんのことをアピールしようとすると、散漫になり、何も伝わらなくなることがあります。長谷川さんの例を基に、あなたも同じような状況に陥っていないか、振り返ってみてください。

プロフィール

個人面接 **2**

名前：長谷川ミキ子
学校：私立大学／フランス語学科
志望業種：サービス、金融　　**志望職種**：コンサルティング
プロフィール：向上心が強く、目標に向かって突き進むタイプ。フランス語、芝居、アパレルと、さまざまなことに興味があり、すべてに全力で打ち込んでいると自負している。志望業界も早い段階から絞り込んで考えている。

自己分析のステップ

中学・高校・大学時代に打ち込んだこと

●大学時代、演劇サークルに所属。自分が脚本演出をして芝居をつくる
●アパレルショップで販売のアルバイトをしている

自己分析

●目標に対して真っすぐに突き進む熱意を持ち、目標達成のためにはどうすればいいのかを考え、その考えたことを実行できる

自分の特徴・良さ・価値観

「私は目標を絵に描いた餅のままでは終わらせない人間です」

〈志望動機のまとめ方〉

❶ なぜ旅行業界に興味を持ったのか
- アパレルショップで接客をしてきた流れで、同じ接客業に興味を持った。

❷ なぜ同じ業界の他業種ではなく、ホテルなのか
- お客さまに視点を置きながら仕事ができると思ったから。
- コンサルティングができると思ったから。同じ理由で旅行代理店や銀行にも興味を持っている。

❸ なぜ数ある同業他社ではなく、この企業なのか
- 特になし

❹ この企業で何がやりたいのか
- ホテルなら、「お客さまが快適に過ごせる空間と時間づくり」を目指して、サービスを行ないたい。
- コンサルティングなら、お客さまの悩みを解決するために、自分の知識や経験を生かしてアドバイスしたい。

❺ ❹に対し、自分の強み・良さをどう生かせるか
- 目標を達成するためにはどうすればいいのかを考え、その考えたことを実行できる力は、「お客さまが快適に過ごせる空間と時間づくり」という目標達成に生かせるはず。
- 演劇サークルで学んだ信頼関係を築く力も、ホテルで生かせると思う。

自分なりの見方、評価基準を示すことが大事

＜面接スタート＞

才木：まず、自己紹介をお願いします。

長谷川：○○大学3年、文学部フランス語学科、長谷川ミキ子と申します。
大学ではフランス語を専攻しております。フランス映画が好きで、フランス語の勉強を始めました。サークル活動は、演劇サークルに所属し、仲間といい作品をつくろうと、日々奮闘しております。アルバイトは、アパレルショップで販売員として働いてお

才木先生's コメント

第一印象はここで決まります。答える内容は言わずもがなのことながら、明るく大きな声、柔らかい笑顔でハキハキと答えることが大切です。

ります。本日はよろしくお願いいたします。

才木：それでは、自己PRをお願いします。

長谷川：はい。私の１番の強みは、目標を絵に描いた餅のままでは終わらせないことです。目標に対して真っすぐに突き進む熱意を持ち、目標達成のためにはどうすればいいのかを考え、その考えたことを実際に実行できます。具体的に言うと、人の心に響くような芝居をつくりたいと思い、演劇サークルに入りました。実際に芝居を行なうためには、脚本、演出という役割も果たす必要があります。❶その役割を果たすには、演劇のことを全般的に分かっていなければいけないので、私は大学１～２年生の間に、７つの公演に参加して、演劇を勉強しました。そして、昨年６月には、２年間学んだことを生かし、実際に自分が脚本、演出を担当して１つの芝居をつくりました。その結果、観客からも多くのお褒めの言葉をいただくと同時に、スタッフからも、この作品に参加できてよかったと言ってもらえました。このように、私は目標に対する熱意と同時に、目標達成にはどうすればいいのかを考える力、実行力があります。

才木：今まで観てこられた中で、最も印象に残っているのは、どんなお芝居ですか。

長谷川：私が初めて観た、蜷川幸雄演出・大竹しのぶ主演の『メディア』という作品です。なぜかというと、❷大竹しのぶさんの演技が本当に素晴らしかったからです。目の前にいるのが大竹しのぶさんというこ

❶アピール内容を裏付けるエピソードを盛り込む

「目標を達成するために考え、実行する力がある」というアピールなので、2年間学んだことを実際にどのように生かすことができたのかを、具体的に伝える必要があります。そして、サークルで学んだことを生かした結果、周りからどのように評価されたかを具体的に伝えることで、あなたの考えや努力、頑張りがより一層伝わるはずです。

❷自分なりの評価軸をしっかり話す

お芝居に力を注いでいたのですから、それに基づく思いや考え、評価軸などがあるはずです。ただ「素晴らしい」「迫力がある」「本物」という言葉だけで終わらせるのでは、非常にもったいないです。あなた自身がお芝居をやっているからこそ分かることを話し、そのうえでなぜ印象に残ったのか、印象に残った理由も、詳しく説明できるといいでしょう。

とが分からなくなるくらい、また、メディアという役柄そのものが私の目の前で生きているように感じました。その演技を観たときに、「これが本物の『演技』というものなんだな」と感動しました。

才木：日本の伝統文化である歌舞伎なども、ご覧になったことはありますか。

長谷川：❸歌舞伎などはあまり興味がないので観に行ったことはないです。

才木：では、あなたがこのサークル活動で学んだことや、得たことについてお聞かせいただけますか。

長谷川：はい。社会に出てからも役に立てていきたいことがあります。まず、「人は1人では生きていけない。共存して生きている」ことを学びました。お芝居の演出は1つの公演の中での、リーダー的な存在です。私が演出をする際には、まず、人集めから始めます。そのとき、周りのスタッフに迷惑をかけたくなかったので、私1人でやろうとしていました。しかし、私の人脈も限られているので、1人で抱え込むと、うまく進みませんでした。悩んでいたときに、参加することが決まっている友だちに相談をしたら、協力してくれることになり、段々と人脈も広がり、最終的にはスムーズに人を集められました。そのとき、自分1人ですべてを抱え込んで行なうより、一緒にやるスタッフを信頼して、協力し合って物事を行なうことはとても大事なことだと思いました。それと同時に、スタッフを信

❸「興味がない」という回答はできるだけ控える

これだけお芝居に興味があり、打ち込んできたのですから、いくら歌舞伎を観に行ったことがなくても「興味がない」という言葉で終わらせるのは、とても残念です。面接の質問に対する回答としても短過ぎて、せっかく質問した面接担当者ががっかりしてしまいます。どんな内容でも、あなたの分かる範囲で答える努力をしましょう。また、歌舞伎に興味がわかなかった理由、これまでお芝居に打ち込みながらも歌舞伎を観に行ったことがない理由についても、自分なりに考えて、話してみてもいいのではないでしょうか?

じて、自分がどのように考えてどのように
行動しているかといった、自分の意思を、
きちんと相手に伝えていくことが必要だと
思いました。そうすることで、よりお互い
を理解し合って、気持ち良く1つの目的に
向かって頑張ることができると思います。

なぜこのアルバイトを選んだのかを しっかり伝える

才木：アパレルショップでアルバイトをし
ているとのことでしたが、そのアルバイト
では何を学びましたか。

長谷川：はい。接客業の楽しさや、同時に
大変さを学びました。私は初め、接客業は誰
でもできる、笑顔で接客することは簡単だ
と思っていました。でも実際はそんなに簡
単なことではなく、❹お客さまにとって気
持ちのよい接客やサービスをするには、聞
かれたことにきちんとお答えできる商品知
識や、お客さまが今何を望んでいるのかを
聞き、理解することが必要だと学びました。
接客業はとても奥が深いと感じています。

才木：毎日お客さまと接する中で、難しい
なと感じたことを具体的に教えてください。

長谷川：はい。「これ、似合う？」などと聞
かれたときに、自信を持って答えられない
ことが多く、お客さまに申し訳ない、❺接客
って難しいなと感じます。私は洋服に興味
があってこのアルバイトをやり始めたわけ
ではないので、「この色、私に似合うかしら」
と聞かれると、正直困るときがあります。

❹「なぜ……」に答えられる
　エピソードを用意しておこう
アルバイト先で起こったこと
と、それに自分がどう対処し、
どう考えたかなど、一度振り返
って整理しておきましょう。具
体的なエピソードを交えて伝
えることで、よりあなたという
人間が伝わります。失敗した経
験から学んだことを通じて、成
長した自分をアピールする手
法も有効です。

❺オフィシャルな言葉遣いを
　心がける
「って」「でも」「私の中で」「やっ
ている」など、友だち相手に話
しているような言葉遣いが目
立ちます。就活が本格化する
前に、日ごろから注意して直し
ておきたいものです。

才木：それなのに、アパレルの販売スタッフをやっているのはなぜですか？

長谷川：❶販売スタッフとしての仕事以外にも、ズボンの裾直しや他店への商品の振り出しなど、多くのことを任せてもらえるからです。それに引かれて続けてきました。特定の業界の中でもさまざまな種類の仕事ができること、また、さまざまな仕事の積み重ねで企業は成り立っていることが分かり、勉強になりました。今はまだいろいろと調べている段階ですが、「接客」という切り口から企業選びもできると思い、業界や企業を研究しています。

才木：今はどんな業界に興味がありますか。

長谷川：ホテル業界や旅行業界です。❻あとは銀行にも興味があります。

才木：業界はバラバラですが、どういう視点で就職先を選ぼうと思っていますか。

長谷川：今、私の中で中心に置いているものは、コンサルティングです。ホテルはまた別の視点から見ているのですが、旅行や銀行は、コンサルティングという立場から見ています。お客さまには、いろいろな悩みや相談事があると思います。その悩みを解決するために、自分の知識や経験を生かして、お客さまにアドバイスしたいと思っています。それができるのは、旅行会社のカウンセラーやカウンターセールス、銀行の営業部門だと思ったので、その２つの業界は、今興味を持って、企業研究をしております。

❶アルバイトを通じて
「どう成長したか」を伝えよう
自分の経験を通して、理解したことを伝えるのはいいことです。さらにあなたの成長を印象付けるためにも、もう一度、アルバイトを始めたきっかけ、続けている理由、そこから得たことを分かりやすくまとめることで、アルバイトを通じてどう成長したのかがもっとはっきりしてくるはずです。

❻「複数の業界に興味がある」
ことは言わない
「模擬面接なので、さまざまな業界に興味があると正直に話していますが、実際の企業面接では、多くの業界に興味があることは言わない方が無難でしょう。「どの業界や企業でも入れればいいのか。うちでなくてもいいのか」と受け取られてしまいます。

6

面接の現場を再現！ マイナビ模擬面接

171

才木：ホテルは別の視点から見ているとおっしゃっていましたが……。

長谷川：ホテルは、初めは接客という切り口で興味を持ったのですが、「お客さまが快適に過ごせる空間と時間づくり」がホテルで働く人の仕事なのではないかと考えました。自分がお客さまだったらどうだろう、お客さまに快適に過ごしてもらうにはどうすればいいだろうと、❷お客さまに視点を置きながら仕事ができると思ったのです。私は接客業のアルバイトをやっているときにも、「お客さまにとってどうすることがベストだろう」と考えることが好きでした。それを生かすため、ホテル業界のコンサルティング業も研究しています。

才木：もし、ホテル業界で働くことになったら、あなたの持っている能力や良さを、どんな形で生かせると思いますか？

長谷川：私は、目標に対して真っすぐに突き進む熱意を持ち、目標達成のためにはどうすればいいのかを考え、実行できます。もし、ホテルで働くことができたら、「お客さまが快適に過ごせる空間と時間づくり」を目指して、サービスを行なっていきます。いいサービスを行なうためには、まずはスタッフ同士の意思疎通ができていることが大切だと思います。❸私は、演劇サークルで「自分から相手を信頼して心を開けば、仲間の理解と協力が得られる」ことを学びました。そのためにはスタッフ同士の信頼関係を築くこと。これをベースにし

❷アルバイトに対する姿勢を
　　具体的に話そう
　アルバイトではお客さまの立場に立って接客をしたり、またホテル業界であればお客さまに視点を置きながら仕事をしたいという希望を伝えるのは重要なことです。あとは、アルバイトの際にお客さまの立場に立ってどのように接客をしているのか、どのように行なうことが大切だと思うのかを具体的に話せるといいですね。

❸仕事と「自分の良さ」を
　　重ね合わせて答える
　「あなたの持っている良さをどのように活かせるか」という質問なので、長谷川さんが最も打ち込んだ演劇サークルを引き合いに出して、どのように実際の仕事に生かしたいかを話すことで、長谷川さんの人間性がよくわかります。この段階ではまだ具体的な仕事の内容に触れることは難しいかもしれませんが、わかる範囲で、自分の良さを重ね合わせて答えられるといいでしょう。

て、お客さまが欲するサービスを展開していきたいと考えています。

才木：将来の目標は何ですか？

長谷川：ホテル、旅行、銀行のいずれかに就職し、まずは、目の前にある仕事をしっかりこなしたいです。私はお客さまにサービスすることを自分の仕事にしたいと考えているので、将来もそのままサービスにかかわる仕事を続けていたいです。最終的には、お客さまの絶対的な信頼を得ることが目標です。そのためには、私自身がお客さまから信頼していただけるような、価値のある人間にならなければいけないと思います。

才木：分かりました。これで終わります。

長谷川：どうもありがとうございました。

才木先生's コメント

一貫して「接客業に就きたい」と自分の希望を述べていることは、評価できる点です。後は「自分がなぜ接客業に向いていると考えたのか」を説明するに足る自己分析が必要です。演劇サークルの経験も「接客業に就きたい」という希望に結び付けられると、なおいいでしょう。

面接を終えて……才木先生より

自己分析をもう一度行ない、アピール材料をもっと生かそう

　自分のことをいろいろと話し、理解してもらいたいという気持ちはよく伝わってきました。そして、自分をアピールする材料をたくさん持っているのも魅力的です。しかし、その材料をうまく活用できておらず、アピールしきれていないのが、とても残念です。再度自分が打ち込んだことについて深く振り返り、自己分析をもう一度行なってみましょう。長谷川さんの打ち込んだことであるアルバイト、お芝居のこと、志望業界についても、さらに深く分かることがあるかもしれません。そうすることで、面接での回答にも一貫性が出てくるはずです。

模擬面接 【個人編】 業界・企業研究の甘さは 面接ではっきり表れる

　面接担当者が確認したいことは、その学生がどれだけ本気でこの企業で働きたいか。ただし、いくら「本気です！」といっても、業界・企業研究が甘い人は「本気度が低い」と見なされ、評価されません。下記の例を参考に、自分の業界・企業研究が甘くないか、見直してください。

プロフィール

個人面接 **3**

名前：山口ヨシヒコ
学校：私立大学／経済学部
志望業種：広告　　**志望職種**：営業
プロフィール：何事にも前向きで積極的な性格。常に高いモチベーションを持っていて、学生時代は陸上部に所属し、箱根駅伝の予選会を目指して、見事、目標を達成した。ハキハキとした口調ではっきり話すことができ、誠実な態度も好感度が高い。

自己分析のステップ

中学・高校・大学時代に打ち込んだこと

●中学時代から9年間続けてきた陸上競技。大学で所属した部は、過去に一度も箱根駅伝の予選会に出場したことがなかったが、その出場を達成した

自己分析

●フットワークが軽いところ。考えたことをすぐに実行に移す。行動力がある

自分の特徴・良さ・価値観

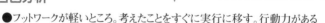
「私はフットワークが軽く、行動力のある人間です」

〈志望動機のまとめ方〉

❶ なぜ広告業界に興味を持ったのか
- 周囲の人のために何かをして良い影響を与えるのが好き。周囲に影響を与えられる仕事を考えたときに、広告業界が一番近いかなと思った

❷ なぜ同じ業界の他業種ではなく、総合広告代理店なのか
- 制作ができそうだから
- 日本の広告業界で、最初に海外市場に進出した企業。海外市場に力を入れている企業で働きたい

❸ なぜ数ある同業他社ではなく、この企業なのか
- 特になし

❹ この企業で何がやりたいのか
- 見ている人に強く影響を与えられるテレビCMを制作したい
- 海外市場で、言葉や文化の壁を乗り越えた広告をつくりたい

❺ ❹に対し、自分の強み・良さをどう生かせるか
- 興味のある場所にはすぐ足を運ぶし、新しい情報にも敏感。このフットワークの軽さは、常に新しい刺激が必要な広告業界で生かせると感じている

面接担当者は苦労や頑張りを知りたがっている

＜面接スタート＞

才木：まず、自己紹介をお願いします。

山口：はい。○○大学３年、経済学部経済学科、山口ヨシヒコと申します。大学では国際ビジネスを専攻し、研究しております。課外活動は、陸上競技部に所属しております。先日、昔からの夢であり、目標であった箱根駅伝の予選会に何とか出場することができました。アルバイト経験としましては、スポーツジムでスポーツインストラク

才木先生's コメント

単なる自己紹介であっても、面接担当者はここで、「自己PR」や「志望動機」につながりそうな“質問のタネ”を探しています。学生時代の経験を端的に語ることで、面接担当者の興味を引くことが大切です。

ターを経験させていただいております。本日はよろしくお願いいたします。

才木：あなたが学生時代に打ち込んだのは、どんなことですか。

山口：学生時代に特に打ち込んだことは、部活動です。陸上競技を９年間続けてまいりました。現在大学で所属している陸上部は、私が入部したときから小さい規模でやっておりましたので、箱根駅伝の予選会にもまだ参加したことがありませんでした。そこで私は、❶部活に入ってすぐに、先輩方と話し合い、「箱根駅伝の予選会を目指そう」という目標を立てました。頑張ったかいがあり、その目標を実現することができました。参加人数の制限があったのですが、１年生の実力を底上げすることにより、参加する資格を得ることができて出場しました。

才木：箱根駅伝に出場するうえで、大変だったのは、どんなことですか。

山口：そうですね……。私の大学では陸上競技の部活やサークルが１つしかありません。自分の目標を立て、真剣に陸上をやろうと思っている人、または単に陸上競技を楽しみたい人など、いろいろなタイプの人が所属しています。もちろん、人それぞれ考え方があるのは当然ですが、趣味程度で陸上をやっている人がどうしても目立ってしまい、１日何時間も練習して真剣にやっている人には、あまり良い影響を与えませんでした。その結果、部活内の雰囲気が悪くなってしまいました。

❶結果を出すまでの苦労や頑張りをもっと伝えよう
目標を立て、結果を出せたことは素晴らしいことです。しかし、ただ目標と結果を話すだけではなく、結果を出すまでにどのような苦労や頑張りがあったのかを、具体的に話す必要があります。目標を達成することがどれだけ難しいことなのか、どんな工夫をして目標を達成することができたのかを分かるように話すことで、よりあなたの頑張りやあなたの良さが伝わるはずです。

そのとき、❷長距離ブロックの副主将を務めていた私は、何とかモチベーションの向上を図るため、先輩と会話をし、絆を深めるとともに、後輩には喝を入れて、コミュニケーションに力を入れました。そうすることで、部内の雰囲気はみるみる良くなったため、コミュニケーションを取ることの大切さが分かりました。雰囲気が良くなると、自然に練習での団結力も強まり、部員それぞれの競技力の向上につながりました。

才木：自分の中で、「ここは自信がある」というところがあれば教えてください。

山口：フットワークが軽いところです。また陸上部の話になってしまいますが、思ったことはすぐに行動に移すタイプなので、気づいたことがあれば、主将にきちんと相談して、その後、幹部のみんなで話し合うことによって、これからどうすればいいのかを考えました。すぐに実行して、何とか陸上競技部を改善するために行動したということからも「行動力がある」、「フットワークが軽い」人間だと思っています。

才木：行動力があるという点について、もう少し具体的に話していただけますか。

山口：はい。何でも言うだけではいけないと思い、考えたことをすぐに実行に移しました。部活のミーティングも、定期的に開いてもらえるように先輩にお願いしました。定期的に開くことによって、部員も発言し、互いに意識向上ができると思い、先輩に相談しました。

❷「チームを盛り上げるために行なったこと」を具体的に

悪くなった雰囲気を、どのように改善したかを話せているのはいいことです。しかし、より具体的に話すことでさらに伝わりやすくなるはずです。どのような話し合いを行なったのか、どのようなコミュニケーションを取ったのか、どのようにチーム全体が盛り上がり、結果につながったのかなどを、具体例を交えながら話しましょう。つまり、あなたがチームを盛り上げるために実際に行なってきたことについて、詳しく話せばいいのです。

才木先生's コメント

「思ったことはすぐ行動に移せる」のはなぜなのでしょう。具体例や理由を述べましょう。それによって良かったこと、失敗したこと、そしてその経験により自分がどう考えたかまで話せてはじめて、及第点です。

才木：あなたの提案でミーティングを繰り返した結果、どうでしたか。

山口：正直申し上げますと、完全に改善できたというわけではないのですが、❸大多数の部員は少なからず影響を受け、モチベーションもそれによって上がったという結果が得られました。途中で諦めず、部活をまとめる先輩方にかけ合って良かったと思いました。

本当にその業界を理解しているかどうかはすぐ分かる

才木：第１志望は広告業界ですよね。志望動機をお聞かせください。

山口：はい。私は昔から、友だちのため、周囲の人のために何かを考えることが好きでした。例えば、部活動でしたら良い練習方法、勉強でしたら効率の良い勉強方法といったものです。❶自分が考えたことにより、周りが「これは良い」と思ってくれて、それによって、周りに影響を与えることも多かったように思います。そして「ありがとう」と感謝される喜びも知ることができました。

❹周囲の人に影響を与える仕事……と考えたところ、広告業界が一番近いかなと考え、志望しております。特にCMは、自分が制作したことによって見ている人に強い影響を与えられると考えたからです。

才木：広告業界だからといって、必ずしも制作側になれるとは限りません。営業に配

❸ミーティングで良い方向に進んだ理由を明確に
ミーティングを行なったからといって、必ず良い方向に進むわけではないと思います。なぜ、ミーティングを行なうことで良い方向に進み、モチベーションが上がったのでしょうか。その部分が一番大切です。どのような質問事項も、「〜しました」「〜を考えました」という結論だけではなく、なぜそのように考え、行動したのか、理由も含めて話さなければ、あなたの考え方や人間性が伝わらなくなります。

❶自己分析を生かして自分の特性をアピール
自分にとって、どのようなことがうれしく、また喜びになっているのかが分かっているというのは、自己分析がある程度できているということです。自己分析ができていれば、あとは、どのように話せば相手にきちんと伝わるのかを考えるだけです。さらに、中学、高校、大学時代に打ち込んだことを振り返って、自己分析を進化させていきましょう。

属されても大丈夫ですか。

山口：はい。制作物へのかかわり方は企業によって異なるかと思います。チームを組んで、1つのものをつくり上げていくことには変わりはないと思っておりますので、営業職から経験することも考えております。むしろ、営業で多くのことを学んでから制作現場で働く方が、良いものができるのではないかなと思います。

才木：では、具体的にあなたが入社してからやってみたいことについて話していただけますか。

山口：私は、国際ビジネスを専攻しております。日本に限らず、海外市場にも興味があります。広告業界を目指していることもあり、海外市場への広告にとても魅力を感じております。志望する企業は広告業界において、日本の中で一番初めに海外市場に進出しました。私は海外市場に力を入れている企業で働きたいと思っております。その企業に入社できたら、❺海外市場に行って言葉の壁ですとか、文化の壁というのを乗り越えた広告というのを、ぜひつくってみたいと考えております。

才木：具体的に興味のある国はどこですか？ また、その国でどのようなことをしたいですか？

山口：インドです。インドは多民族の国家で、とてもたくさんの思想が混ざっていると思います。そのためか、常にエネルギーに満ちあふれ、パワフルな国であると感じ、

❹"思い込み"の志望動機では何も伝わらない

「周囲の人に影響を与える仕事＝広告」ではないと思います。人に影響を与える仕事はいろいろあるけれども、その中でなぜ広告なのかをはっきりさせることが重要です。その点がきちんと話せなければ、面接担当者への説得力のある志望理由にはなりません。

❺考えられる範囲でいいので、できるだけ具体的に

質問で「具体的に入社してやってみたいこと」を聞かれているのですから、答え方に注意しましょう。どのような国に興味があり、その国とどのようなことをしたいのか、できるのか、あなたが考えられる範囲で具体的に話すことが大切です。

179

その点に強く引かれております。また、経済面の発達においても、ほかの追随を許さない勢いがあるので、これからもっと日本企業が進出し、どうすればインドで物が売れていくのかということが話し合われると思います。❻多民族国家ということで、日本国内とは異なる、いろいろな視点を考慮して広告をつくるというところに魅力に感じております。自分の創造性を働かせて、斬新なアイデアを生み出し、インドで広く親しまれる広告を作りたいです。

才木：広告業界で働いたら、あなたのどんな良さや特性を生かせると思いますか？

山口：広告業界で働くためには、常に新しい場所を訪れ、新しい刺激を受けることが必要だと思います。❷私は先ほど申し上げましたようにフットワークが軽く、興味のある場所にはすぐ足を運びますし、新しい情報にも敏感です。このような私の特性は、広告業界で生かせると感じています。

才木：あなたは10年後、どんなふうになっていたいと思いますか？

山口：私は仕事について、"10年でやっと一人前"だと思っていますので、入社してから10年間は、ひたすらに与えられた仕事をこなしていきたいと思っています。そして、❼徐々に自分で企画を考えて、実現するなど、自分発信の仕事もできるようになりたいと思っています。そうして、10年後にはどんな仕事もやりこなし、後輩への指導もできる立場にいたいと思っています。

❻**一緒に働くイメージを
与えられるように話す**
ただ「魅力を感じている」ということだけを述べて終わってしまっています。質問では「どのようなことがしたいですか」とも聞かれているので、その部分に対しても、しっかり自分なりの考えを話しましょう。あなたのやりたい仕事について話すことができれば、面接担当者もより具体的に当社で働くイメージが持てるはずです。

❷**「自分の良さ」は何度も
アピールすべし！**
面接で大切なことは、どんな質問がきても、常に自分の良さや、特性を話していくことです。山口くんは自分の良さである「フットワークが軽い」という特長を、最後にもう一度念を押して、伝えることができました。「あまりに何度も同じことを言うと、面接担当者に嫌がられるのではないか」と心配する人もいるようですが、そんなことはありません。面接では、チャンスがあれば何度でも自分の良さをアピールすることが大切なのです。

才木：そのようになるには、どんな努力が必要だと思いますか？ もう少し具体的に教えてください。

山口：先ほども申しましたように、❼与えられた仕事をしっかりこなすこと、さらに、自分で考え、工夫して仕事を行なっていくことが大切だと思っております。また、上司や先輩の仕事ぶりをよく見ることも必要だと思います。自分の経験の浅さをカバーするには、すでにさまざまな経験を積んでいる人たちに学ぶことが、最もいい方法だと考えるからです。

才木：分かりました。それでは、今日はこれで終わります。

山口：ありがとうございました。

❼話の"因果関係"を
常に意識して
「自分で企画を考えて……」。このようになりたいと考えているのは分かりますが、そのために「与えられた仕事をしっかりこなすこと」がなぜ必要なのか、きちんと説明されていません。10年後になりたい自分になっているためには、何が必要でどのような努力をしていかなければならないか、もう一度考える必要があります。

面接を終えて……才木先生より

自分をアピールするための
キーワードを明確にしよう

　ハキハキと元気よく受け答えをしていましたし、とても人柄がよく、いい印象を受けました。自己分析はまだ途中なのかもしれませんが、自分自身のことはだんだん分かってきているように感じました。どのようなことも、できるだけ具体的な例（エピソード、経験談など）を入れて話すように心がけてください。また、自分をアピールするキーワードを明確にすることで、より相手に「あなた」を理解してもらいやすくなるはずです。問題は、志望動機です。広告業界に進みたいというはっきりとした目標があるので、もっと業界研究・企業研究を進めなければいけません。その業界についてどれだけ知っているかでも、志望度は測られるのです。

模擬面接 【個人編】	**面接担当者が知りたいのは エピソードの細部ではない**

面接の受け答えでは、終始「具体的に」話す必要がありますが、具体的にする部分を間違えている人は少なくありません。エピソードの情景や背景知識などを細かく語るものの、肝心の「そこから学んだこと」は一切語れていない人はたくさんいます。下記の例を反面教師にしましょう。

個人面接 **4**

プロフィール

名前：塚本タカシ
学校：私立大学／理工学部
志望業種：総合商社　　**志望職種**：開発
プロフィール：理系学生なので、基本的には学業中心の学生生活を送ってきた。しかし、できる限りいろいろなことがしたいと思い、時間をうまく活用して、アルバイトやサークル活動にも打ち込む。理系学生らしい、論理的思考を持つ。

自己分析のステップ

中学・高校・大学時代に打ち込んだこと
- ●大学ではバイオ環境事業を専門に研究
- ●百貨店のテニスショップで、3年間、アルバイト。
- ●テニスサークルの活動も週2回休まず参加。交流戦を立ち上げた

自己分析

- ●周囲の人に自分から声をかけ、新しい仲間をつくることができる

自分の特徴・良さ・価値観

「私は周囲の人に積極的に働きかける人間です」

〈志望動機のまとめ方〉

❶ なぜ商社業界に興味を持ったのか
　　●勉強しているバイオ環境事業のことが生かせる仕事だと思ったから

❷ なぜ同じ業界の他業種ではなく、総合商社なのか
　　●❶と同じ。商社でなくてもバイオエネルギー関係の仕事ができるメーカーでもよい

❸ なぜ数ある同業他社ではなく、この企業なのか
　　●バイオ環境事業について積極的に取り組んでいるから

❹ この企業で何がやりたいのか
　　●バイオ環境事業のトータルプロデュース。国内だけでなく、海外事業にも携わりたい

❺ ❹に対し、自分の強み・良さをどう生かせるか
　　●自分から働きかけて行動できる力を生かして、エネルギーの価格交渉をしたり、といった折衝ができる
　　●全体をマネジメントする力も仕事に生かせる

質問に合わない受け答えになっていないか

＜面接スタート＞

才木：まず、自己紹介をお願いします。

塚本：はい。○○大学３年、理工学部、塚本タカシと申します。大学ではバイオ環境事業において、専門的に研究しております。課外活動は、テニスサークルに所属しております。週２回の練習、年に２回の合宿には、ほぼ休まず参加しております。アルバイトは、百貨店のテニスショップで、販売員として働かせていただいております。本

才木先生's コメント

丁寧なのは良いことですが、その敬語、丁寧語、謙譲語が正しいか、シチュエーションに合っているかは、もう一度きちんと考える必要があります。

日はよろしくお願いいたします。

才木：まず、自己PRをお願いできますか？

塚本：❶はい。私は、百貨店のテニスショップで、３年間、アルバイトをやっておりました。そこで、ラケット１本の重さ、重要性を学びました。商品を売るにはどうしたらよいかということを常に考えて行動してきました。

　その中でも、私が特に大切にしてきたことは、お客さまのニーズを聞き出すことです。例えば、接客中にお客さまの表情や言葉の端々から読み取れるニーズを察知し、何を必要としているのかを理解するようにしておりました。そして、テニスの世界４大大会である、全豪オープン、全仏オープン、ウィンブルドン、全米オープンの試合のビデオを自ら店内で放送し、商品をPRするなどの工夫もしておりました。

才木：そのアルバイトで困難なことはありましたか？

塚本：百貨店のルールとしまして、その百貨店の売上に貢献するために、お客さまが必要としている商品を百貨店内でお買い上げいただくために案内や誘導をしたり、百貨店内で行なわれるイベントをすべて把握していなければならないことが、私にとって困難でした。❷最初は、自分が働いているお店での仕事を覚えるだけで精一杯だったので大変でした。余裕がなく、お客さまから百貨店のことを質問されても、しっかりと答えることができず、お客さまを困惑

❶自分がどんな人間かを
　できるだけ簡潔に話す
　自己PRを聞かれる質問では、最初に「自分は〜な人間です」「自分には〜といった長所があります」というように、まずは「自分がどんな人間か」を簡潔に述べるようにしましょう。テニスショップでのアルバイト経験は、その人間性を裏付けるエピソードとして、話すようにしてください。焦ったり緊張すると忘れてしまいがちですが、聞かれた質問に対して、まずは簡潔に答えてから、詳細を話していきましょう。

❷困難を乗り越えた過程を
　しっかり話すこと
　「困難だったこと」を聞かれたときは、質問にはなくても、必ず「その困難をどのように乗り越えたか」を明確に話すようにしましょう。面接担当者がこの質問をする意図は「困難や壁にぶつかったときどのように感じ、どのように対処するのだろう」ということです。塚本くんは、一見、困難を乗り越えた過程について話しているように見えますが、実は具体的なことを何も話せていません。ただ、「案内ができるようになりました」、「大変だと実感しました」だけでは面接担当者はあなたがどういう人なのか何も判断がつかないのです。

させてしまいました。働き始めて、2カ月、3カ月と経つうちに、何とか百貨店全体の流れを把握し、お客さまが必要としている案内ができるようになりました。このときは、自分の未熟さや、接客・サービスの大変さを感じ、働くことは簡単ではないと実感しました。

才木：その困難なことを通して、学んだことは何ですか？

塚本：❸困難から学んだことは、何でも自分で考えて行動するということです。テニスのビデオで商品をPRすることも私が考えたのですが、例えば、「これは世界ランキング上位を保持してきたロジャー・フェデラーという選手が使っているラケットですよ」などと、流しているビデオを見せながら扱っている商品をPRすることによって、それぞれどんな商品なのかも分かりますし、使ったときのイメージもわきやすいという利点があります。このようなことで売上に貢献できました。

理系学生の面接では、研究内容を簡潔に

才木：あなたが学生時代に最も打ち込んだことについてお話しいただけますか？

塚本：はい。私は最も学業に打ち込みました。特に興味を持っておりますのが、❶バイオ環境事業についてです。例えばサトウキビを原料とするエネルギー源であるバイオエタノールは、現時点では海外から輸入

❸"学んだこと"の内容を
　具体的に伝えよう

「アルバイトをしているテニスショップのことだけではなく、百貨店全体を把握し、理解しなければならない」という経験から、「何でも自分で考え、行動する」ことを学んだようなので、その点について詳しく話さなければいけません。具体的には、ラケットを売るために工夫したというよりも、百貨店全体を把握し、理解しながらラケットの販売をどのように行なったのかがポイントになってくるはずです。

❶論理的に話すことで
　伝わりやすくなる

簡潔に答えているところが良いです。理系学生の場合、専門的に勉強してきたことをアピールした方がいいでしょう。ただし、今回の場合だと「バイオ環境事業」について、何も知識もない人にも分かるように話さなければいけません。面接担当者が理系の分野について詳しいとは限らないので、どのような人にも理解してもらえるように話すというのも大切なことです。理系学生は、自分の研究内容を、多くても30秒ぐらいで簡潔に話せるようにまとめておきましょう。

するしか方法がないのですが、その輸入方法や輸入後の運搬方法について学んできました。

才木：学生時代は学業に打ち込んだということですが、学業以外にも何か打ち込んだことはありますか？

塚本：学業以外ですと……。サークル活動に打ち込みました。サークルはテニスサークルに所属しておりまして、❹<u>総務部長という役職をやってきました。</u>そこでの私の役目は、ボールの発注や、コートを取ることだったのですが、ボールの発注におきましてはすべてのメーカーを試して、跳ね方ですとか、耐久性をすべて検討したうえで購入しました。

才木：それでアルバイトもテニスショップで働いているわけですね。サークル活動はいかがですか？

塚本：私は大学に入ってからテニスに興味を持ち始めて、テニスサークルに入りました。年に2回団体戦があるのですが、初心者から2年間練習を休まずに頑張って、3年生の春、ついにレギュラーに選ばれ、団体戦に出場することができました。サークルの中には、中学や高校からテニスをやっている人も多く、力の差がはっきりしていましたが、上手な人に教えてもらったり、お互いに協力したりして、テニスも上達し、成長することができました。

才木：あなたの強みについてお聞きしたいと思いますが、強みは何ですか？

❹**打ち込んだ理由を述べるのは必須！**
なぜサークル活動に打ち込んだのか、理由を聞きたいですね。また、そのサークルで「総務部長」という役割を果たしていたようですが、どのくらいの規模で、どれほど責任のある役割なのか相手に分かるように話すことが大切です。これでは、サークルでやってきたことだけを話していて、単なる日記に過ぎません。ただ単にサークルでの様子を話しても、あなたの人間性や考え方は何も伝わりません。

塚本：私の強みは、周囲の人に積極的に働きかけることです。❺自分から声をかけ、新しい仲間をつくるのが好きで、自分が所属している以外のテニスサークルの人とも仲良くなり、交流戦を実施しました。

才木：具体的にお話しいただけますか。

塚本：はい。まず、なぜ交流戦を実施しようと思ったのかというと、年に2回ある❻団体戦の試合に出られない部員は試合経験を積むチャンスがないと思っていたからです。そこで部員全員がたくさんの試合経験を積んで強くなり、さらにはほかのサークルの人との交流を深めることができるようにと考えました。サークルのホームページに私のサークルの紹介と交流戦の告知を載せ、参加するサークルを集めました。それを見て、連絡してくれたサークルの担当者と実際に連絡を取り、実施しました。

才木：その結果、どうでしたか。

塚本：参加した人は全部で50人以上いました。レギュラーではない人もその交流戦では試合を経験することができたので、「今日はいい経験ができた」と喜んでもらえて、大成功でした。周りからの要望も高いので、その後も定期的に開催しています。

自分の強みは本当に
その仕事に生きるか

才木：商社を志望しているということですが、志望動機をお聞かせください。

塚本：はい。私はバイオ環境事業に興味を

❺強みを裏付ける
   エピソードが必須！
初対面の人にあなたが「周囲の人に積極的に働きかける」人間であることを理解してもらえるように話さなければなりません。つまり、「積極的」といえる根拠や裏付ける具体例が必要であるということです。

❻自分の意見には必ず
   根拠を添える癖を
「試合を経験すること」が大切だと思った理由について、もう一度考えてみる必要があります。自分の過去の経験から感じていることであれば、その根拠も交えて具体的に説明しましょう。

持っているとお話ししたと思いますが、現在、勉強していることが生かせる仕事に就きたいと思い、商社を志望しています。私は、バイオ環境事業で、トータルプロデュースをしたいと思っております。たくさんの人とかかわり合い、国内だけでなく海外事業にも携わり、チャンスがあれば海外でも働き、自分の視野を広げたいと思っております。❷そして、自分から提案をして実際に行動に移し、結果を出したいと思っております。

才木：商社以外ではどうですか。

塚本：そのほかには、メーカーでもエネルギー関係の仕事ができるようなので、志望しております。

才木：では、そのような仕事で、あなたの良さや強みを、どのように発揮できると考えていますか。

塚本：❼エネルギーは常に価格が変わります。自分から働きかけて行動することを強みとしているので、その強みを生かし、うまく交渉しながら進めていきたいと思っております。その中で、自分がいろいろな人に働きかけて行動するという面を生かしたいと思っております。また、サークルで幹部をやった経験からですが、全体をマネジメントする力を身に付けました。何をやるときでも、自分が先頭に立ってやります。例えば、コートはどこを取るか、ボールはどの程度用意するのか、時期はいつにするかなど、全体を把握し、考え、行動する力

❷論理的に話すことで伝わりやすくなる

理系の学生は普段から、論理的に物事を考えられる人が多いように思います。普段からロジカルに物事を考えているからこそ、「自分から提案し、実際に行動、そして結果を出したい」と思っているのではないでしょうか。その点について話せているのは、とても良いことです。きっとほかにも、そのような経験がいくつもあるはずです。その中で成功した経験や体験を具体的に話すことで、志望している理由がさらに伝わりやすくなると思います。

❼仕事内容と自分の強みをうまく重ね合わせよう

あなたは価格交渉をうまく進めることがしたいのでしょうか。自ら働きかけて交渉することと、価格交渉をうまく進められるという関係がよく伝わってこないので、その点をもう一度考える必要があります。そして、なぜあなたが、自ら働きかけて行動することができるのか判断できていないところが残念です。サークル活動や学業、アルバイトのことをもとに、さらに自己分析を行なってみてください。そうすることで、自分の強みや自分を表現するキーワードが新たに見つかるかもしれません。

を養いました。その力を、仕事にも生かしたいと思っております。

才木：将来の目標は何ですか？

塚本：まずは、自分が希望する仕事に就いて、10年はひたすらに仕事に打ち込みたいと考えています。なぜなら、一人前になるには10年は同じことを続けないといけないと思うからです。十分に専門分野での力をつけて、将来的には部下や後輩に、私が身に付けた技術や能力を指導していける立場につきたいと考えています。

才木：分かりました。それでは、今日はこれで終わります。

塚本：ありがとうございました。失礼いたします。

才木先生's コメント

せっかくの企業面接なのですから、自分が希望する仕事とその企業の業務内容を一致させて、具体的に話すようにしましょう。

面接を終えて……才木先生より

自分の良いところを
前面に押し出してアピールを

　まじめで、いろいろなことに真剣に取り組んでいるところに、好感が持てました。イキイキとしたいい印象を与えることは、とても大切です。理系学生ならではの、論理的な考え方をアピールできたことも良いでしょう。しかし、質問事項を通じて、どのような人なのか中途半端にしか理解できなかったのはとても残念です。どの質問においても、もう一歩つかみきれないといった印象を受けました。素晴らしい面がたくさんあるのですから、もう少し自分のことをきちんと整理してみてください。それには、まずは自己分析をしっかり行なうこと。打ち込んだことを、再度深く掘り下げて考え、土台をしっかりさせましょう！

模擬面接 【個人編】 | 質問に沿って 的を射た回答をする

　いくら自己分析をして、自己PRや志望動機をしっかりつくり上げていたとしても、面接担当者の質問に合った受け答えをしないと、何も伝わりません。面接担当者が聞きたいことは何か、しっかりと汲み取ることが大切です。ケーススタディーとして、下記の模擬面接を見ていきましょう。

プロフィール
個人面接 **5**

名前：宮田ユリ
学校：私立大学／文芸学部
志望業種：証券会社　　**志望職種**：営業
プロフィール：海外に興味があり、国際交流について学ぶ。大学時代、国際サークルを立ち上げ。過去に短期留学の経験があるなど、行動力がある。自分の興味のあること、成し遂げたいことに対して、勤勉な一面も。

自己分析のステップ

中学・高校・大学時代に打ち込んだこと
●大学3年間、塾講師に熱心に取り組んできた。人気講師ランキングでNO.1に
●大学時代、国際関係サークルを友人と立ち上げた

自己分析
●問題が起こったときに、多方面からアプローチし、さまざまな解決策を探し出せる
●相手のことを考えて、コミュニケーションが取れる

自分の特徴・良さ・価値観

「私は、問題が起こったときに、さまざまな解決策を見つけ出し、解決していくことのできる人間です」

〈志望動機のまとめ方〉

❶ **なぜ金融業界に興味を持ったのか**
　●大学の公開講座で経済の勉強をしようと思い、証券外務員2種の講座を取った

❷ **なぜ金融業界の他業種ではなく、証券会社なのか**
　●証券外務員2種講座を担当した方が、元証券会社の社員で、今は起業家として活躍している女性。とてもイキイキと輝いている姿を見て、彼女のような女性になりたいと思った

❸ **なぜ数ある同業他社ではなく、この企業なのか**
　●特に理由はなし

❹ **この企業で何がやりたいのか**
　●リテール部門で、個人のお客さまにアドバイスをしたり、資産運用を担当するファイナンシャルプランナーの仕事に携わりたい

❺ **❹に対し、自分の強み・良さをどう生かせるか**
　●講師をしていたので、人を説得することは得意だと思う

経験から学んだことを
しっかり伝える

＜面接スタート＞

才木：まず、自己紹介をお願いします。

宮田：はい。○○大学3年、文芸学部の宮田ユリと申します。大学では国際コミュニケーションを専攻し、どうしたら異文化間の交流がうまくいくかについて、日々勉強しております。リークルでも、国際コミュニケーションにまつわる活動をしています。また、アルバイト経験としましては、塾講師のアルバイトを行なっています。本

日はよろしくお願いいたします。

才木：それでは、自己PRをお願いします。

宮田：私は大学３年間、塾講師のアルバイトを継続して行なってきました。昨年行なわれた、生徒による人気講師ランキングでは、NO.1になることができました。初めのうちは、マニュアル通りにしか授業ができずに、いつも緊張していたのですが、生徒の成績がなかなか伸びず、「これではいけない」と思い悩みました。でも、そのうち英語を教えるだけではなく、私が感じた英語の楽しさを生徒に伝えていけばいいのではないかと思うようになりました。

❶そのような考え方に変わってから、英語の楽しさを伝えるために、授業中に簡単な英語の詩を紹介したり、また、生徒に配るプリント類には、イラストなどを入れて自分で作成するようにしました。その結果、生徒から「英語が楽しくなった」「先生の授業、面白いよね」という声が聞こえてくるようになりました。また、それに比例して生徒の英語の成績がどんどん伸び、良い結果に結び付きました。私は、この経験を通して、❶何か問題が起こったときに１つの方向から考えるのではなく、いろいろな解決策を自分で探して、多方面からアプローチし、最終的に１つの解決方法を導き出すといった物の見方ができるようになったと自負しております。

才木：塾ではどの学年を教えていましたか。

宮田：主に中学生です。春期、夏期講習と

才木先生's コメント

話す順番も工夫してみましょう。授業を工夫するようになった結果→人気講師ランキングでNO.1になった、と伝えられれば、単純に好かれているだけではなく実力も伴っていることがアピールできます。

❶**どのように改善したか、具体的に話すこと**

授業の進め方がこのままではよくないと感じ、どのように考え、どのように進めることになったのか、具体的に話せているので分かりやすいです。どのようなことも具体的に話すことで、その人の考え方や気持ちが伝わります。

❶**面接で話すときは必ず"結論"から**

自分の伝えたいことを理解してもらうためには、まず結論から話すことをお勧めします。結論から話すことで、相手も今から何について話すのかが分かり、より理解してもらいやすくなるのです。下線の部分を発言の最初に持っていくと、より伝わりやすい自己PRになったと思います。

いったような講習会では、高校2年生まで教えていました。

才木：アルバイトの経験を通じて、物事を多方面から見られるようになったそうですが、アルバイトで学んだことや得たことを、どういう形で生かしていますか。

宮田：塾講師というのは、自分が持っている知識を教え子に伝える仕事だと考えております。実際に塾で、私が投げて、相手が返してくれるという、意見のキャッチボールに気を付けるようになりました。

　また、私は英語以外に証券外務員2種の勉強をしています。経済の知識を身に付けて、いずれその知識を世の中のために役立てられる仕事に就きたいと思っております。そして、❷講師をやっていたことによって、人と信頼関係を結ぶことの大切さを学ぶことができました。人とコミュニケーションを取るときに相手のことを考えて、信頼関係を築けるように心がけています。

聞かれる前に、
できるだけ具体的に話す

才木：では、あなたが学生時代に力を入れたことについてお聞かせください。

宮田：はい。先ほど申し上げました塾講師も力を入れたことの1つですが、それ以外では、❸友だちと一緒にサークルを立ち上げました。何もない、1からのスタートだったので、最初から苦労することも多かったのですが、チームワークの大切さをそこ

❷**"アルバイトを通じて何を学んだか"をしっかり振り返って**
塾講師のアルバイトを通じて、何を学んだのか、何を得たのかが自分自身で分かっていることは素晴らしいことです。しかし、質問は「現在、その学んだこと、得たことを具体的にどのように生かしていますか?」というものです。例えば、人とコミュニケーションを取るとき、また信頼関係を築くために、経験を生かしてどのような点に気を付けているのかなどを話すと、より伝わりやすいものになるでしょう。

❸**まず最初に"どんなサークルか"を話すこと！**
どのようなサークルを立ち上げたのかなど、具体的な活動内容について、面接担当者に聞かれる前に話すことが必要です。このような答えであれば、何も伝わらないどころか、質問の意味さえも理解していないと勘違いされてしまい、残念です。

で学ぶことができたと思います。

才木：それは、何のサークルですか。

宮田：はい、「国際関係サークル」といって週1回活動しています。4月はアメリカ、5月はフランスというように、月ごとにテーマとなる国と担当を決めます。アメリカだったら、「大統領に興味がある」「ブランドに興味がある」などその国の興味のあることについて、1週間の間にレジュメを作成します。そして、サークルがある日に、自分が調べたことについて発表をします。そこでいろいろな人の意見を聞いて、「こんなことがあったんだね」「ここはもうちょっと調べてないの？」など、指摘し合いながらディスカッションをするサークルです。

才木：サークルをやっていて学んだことは何ですか？

宮田：❹本当にたくさんの国について、いろいろな人が興味を持って、さまざまな視点から発表していくので、雑学が増えたと思います。塾の授業内での雑談で、「皆知ってる？　アメリカって、実はこうでね」と話せたり、人とのコミュニケーションの中で、自分が得た知識を話して、話が盛り上がることができるようになりました。

才木：志望業界をお聞かせいただけますか。

宮田：はい。❷証券業界に興味があります。私が証券業界に興味を持ったのは、大学の公開講座で経済の勉強をしようと思い、証券外務員2種の講座を取ったのが始まりです。その講座を担当していらした方が、元

❹興味を持った理由や経緯も明確に！

多くの国のことに興味を持ったのであれば、その中で最も印象的だった国や一番興味を持った国について、なぜそう感じたのかも含めて具体的に話せるといいでしょう。そうすることで、あなたがどのような考えを持っているのかを理解してもらうことができます。できるだけ、「いろいろな」「さまざまな」などといった抽象的な言葉は使わずに、具体的な言葉にしていくことを心がけてください。

❷企業や業界を選ぶときの"視点"も示す

証券業界に興味を持った理由をはっきり伝えられているのはとても良いですね。また、「毎日、イキイキと仕事をして、輝いている人に……」ということから、宮田さんの企業や業界を選ぶ際の「視点」も見えます。また、将来的に宮田さんが理想とする働き方、目標とするところも垣間見えるので、面接担当者も当社で働くイメージがわきやすいでしょう。

194

証券会社の社員の方で、今は起業家として活躍していらっしゃる女性でした。❺私も彼女のようなイキイキと輝いている女性になりたいなと思ったのが、証券会社に興味を持ったきっかけです。

また、企業研究を進めているときに、ある証券会社に訪問する機会がありました。そこで働いていた女性社員の方にお話を聞いたところ、「お客さまの資産を預かって運用することはとても責任重大だし、難しいことも多いです。でもこの仕事の醍醐味は、お客さまに信頼してもらえたときでしょうか。お客さまから『ありがとう。あなたが担当してくれて本当によかった。もう親戚以上の関係ね』と言われたとき、『ああ。この仕事を選んでよかった』と思えました」と話してくださいました。私も塾講師の仕事をしていて、生徒から頼られる経験をしております。今度は社会に出て、たくさんの知識を身に付けて、日々変動する日本経済の中で私もお客さまに信頼される存在になりたいと思っております。

また、❻塾講師をやっていたので、私は人を説得することが得意だと思っています。そのような強みが生かせる業界だと思い、証券業界を志望しております。

才木：人の資産を預かることは、本当に責任重大で、重いプレッシャーも感じながら日々仕事をしていかなければならないですよね。それだけのプレッシャーを受けながら、自分を追い込んで仕事ができますか。

❺**抽象的な言葉や修飾語には理由付けを!**

「イキイキと輝いている女性になりたい」。あなたにとって"イキイキと輝く女性"とは、どのような人のことを言うのでしょう。また、その女性を見て、「どうしてイキイキと輝いている」と思ったのか、理由も合わせて話すことができなければ、あなたの感想や考えたこと、感じたことが全く伝わりません。

❻**面接担当者がイメージしやすい根拠を**

「講師をしていた＝人を説得することができる」ではないと思います。なぜ、人を説得する力があるのかを説明することが大切です。そのためには、「人を説得する力がある」と言える、根拠や裏付ける事実が必要です。このように、自分の思い込みや、自分の中では結びついていても、他人にはなかなか伝わりづらいことがあります。面接では、その部分も丁寧に、具体的に話していかないと、自分という人間や自分の考え方についてしっかりと伝えることはできません。注意してください。

195

宮田：できます。自信があります。新聞を毎日読んでいるのですが、今の日本経済にとても興味がありますし、業界にかける情熱とやる気は誰にも負けないと自負しております。また、私が考える「仕事」とは、プライベートの充実なくしては成立しません。十分にいい時間を過ごしてこそ、そのエネルギーを仕事に費やせると思っております。オンオフのスイッチの切り替えをきちんとすることで、活力が得られ、仕事の重いプレッシャーにも耐えられると思います。

理由を添えて、その企業だけの志望動機にする

才木：入社後はどのようなことをやりたいですか？ また、ネット取引が盛んに行なわれておりますが、どう思われますか。

宮田：はい。リテール部門で、個人のお客さまにアドバイスをしたり、資産運用を担当する、ファイナンシャルプランナーの仕事に携わりたいと思っています。

　それから❼ネット取引ですが、ネット取引が紙面を賑わせていて、また、それを中心にサービスを行なうような証券会社が出てきているのも事実です。しかし、私が思う証券取引というのは、やはりお客さまと1対1で、対面できちんと顔や表情を見て、コミュニケーションを取りながら一緒に資産運用を考えていくという形が基本だと思います。❸今は、まだまだ支店に訪問して話を聞いてもらいたい、相談に乗ってもら

❼入社後にやりたい仕事を理由とともに話す

入社後にやってみたい仕事について話すチャンスですから、なぜリテール部門で個人のお客さまにアドバイスをしてみたいのか、資産運用を担当してみたいのかなど、理由も添えて話すといいでしょう。そうすることで、その企業にしか通用しない志望動機になるに違いありません。

❸できる限り業界研究で得たことを盛り込む

「ネット取引についてどう思うか」という質問に、自分なりの業界研究の成果を交えながら、分かりやすく答えています。普段から全く新聞を読んでおらず、業界に注目していなければこのような意見は持てないので、宮田さんの証券業界に対する、強いこだわりや志望度の高さが分かります。それに加えて、最後に自分のやりたいことについて述べているのもとてもよいことです。面接では、どんな質問を受けても、常に「自分のやりたいこと」や「自分の良さ」をアピールしていかなくてはなりません。そのことを、もう一度頭に入れてください。

いたいというお客さまがたくさんいるので
はないかなと思います。できれば、私はそ
ういう形でお客さまのお役に立てる仕事を
したいと思っています。

才木：では、最後に10年後はどうなって
いたいと思いますか？

宮田：現在志望している証券会社に入社し、
お客さまのために、一生懸命働いていたい
と思います。1人でも多くのお客さまに「あ
りがとう」という感謝の言葉をいただける
ように、しっかり相談を受けたいと考えて
います。❽出世などにはあまり興味がない
ので、お客さま第一で頑張りたいです。

才木：分かりました。これで終わります。

宮田：はい、ありがとうございました。

❽否定的な発言は避けて
前向きなアピールを
「出世に興味がない」という言
い方では、向上心がないのか
なと思われてしまう可能性が
あります。あえて否定的な発
言をする必要はないので、ここ
は「お客さま第一主義でいき
たい」ということを、より強く押
し出してください。

面接を終えて……才木先生より

「熱意」や「意欲」が
あることは大きな評価ポイントになる

「就職」を真剣に考え、一生懸命取り組んでいることがよく伝わってきま
した。これは、企業の面接でも「熱意」「意欲」として伝わるに違いないと思
います。特に、志望動機を話す際には、この気持ちを絶対に忘れずに。強い
「熱意」や「意欲」を示すことで、面接担当者は、「当社で働いてほしい」と
思うものなのです。自己分析や企業研究もよくできています。どんな質問
にも、どのような内容でも自分がやったこと、考えたことを具体的に話すよ
うに心がければ、間違いなく「宮田さん」という人について理解してもらう
ことができるでしょう。準備はできていますから、あとは心がけ次第で、納
得のいく就職活動ができるはずです。

模擬面接【GD編】 立派でなくてもいいから自分をしっかり表現する

　ここからは、3種類の模擬グループディスカッションを通じて、グループディスカッションのポイントを学びましょう。最初は「自由討論方式」です。

参加メンバー

飯田 南
おっとりとした性格でありながら、誠実で、強い意志の持ち主

田中裕太
ちょっととぼけたところもあるが、憎めないムードメーカータイプ

佐々木ツヨシ
我が強く、周りをぐいぐいと引っ張るタイプ。大学のテニスサークルでは主将

中村エリ
まじめで勤勉な優等生タイプ。感情に振り回されることなく、常に冷静沈着

平木裕美
決して積極的ではないが、人のサポートに回ることができる、縁の下の力持ち

1 自由討論方式

　1つのテーマに沿って、自由に討論し、結論を導き出すディスカッション方式。あらゆるテーマが出題されますが、なかでも業界色の強いものが比較的多めです。結論が自由なので話の脱線には注意。全員で協力して進めることが大切です。

攻略ポイント
・自分の意見をしっかり話して、自分を表現する
・脱線しがちなので、皆で協力して進める
・話の軸を決めて、それに沿って話す

「夢」について
（制限時間30分）

テーマのとらえ方：どんな話の展開にもなりそうな広いテーマ。前半のうちに、話の方向性を定めることが大切です。

<ディスカッション>

中村：では、どのように進めていきますか？

佐々木：❶最初に役割分担を決めましょう。僕はぜひ、司会進行役をやりたいです。

飯田：私は、タイムキーパーを担当してもいいですか？

中村：私が書記を担当します。記録しつつまとめますので、最後の発表も私がやりますね。

佐々木：では、まず、みなさんの夢をお聞かせ願えますか？

田中：僕の夢はプロゴルファーです！（笑）

佐々木：僕は、小学生のとき野球選手が夢でした。

平木：小学生に多い夢ですよね。私は宇宙飛行士になりたかったんです。

飯田：宇宙飛行士ですか？ 珍しい夢ですよね。どうしてなりたいと思ったんですか？

❶ディスカッションの前に役割分担をしよう

ただやみくもに進めてしまうことも多い中、きちんと最初に役割分担ができたのは素晴らしいです。自分の普段のキャラクターに合った役割を担うことで、グループディスカッションをスムーズに進めることができます。役割には、下記のようなものがあります。

・司会進行役
・時間を確認しつつ全体の流れを見るタイムキーパー
・話の内容を記録する書記

最後の発表者は、司会進行役や書記が兼ねることが多いようです。担当したい役割があるのなら、自分から名乗りをあげましょう。

CHAPTER 6 面接の現場を再現！ マイナビ模擬面接

平木：女性宇宙飛行士の向井千秋さんのニュースを見て、幼心にもすごい！ と思ったんです。向井さんのようになりたくて、宇宙飛行士になりたいと思いました。

飯田：私は、小さいころはお花屋さんになるのが夢でした。❶きれいなお花に囲まれているのがいいなぁと思って。

佐々木：中村さんはどうですか？

中村：そうですね。子どものころの夢はあまり覚えていないのですが、私は、自分の希望する会社に入って、5年後には責任のある仕事を任されるポジションに就くことが夢ですね。

佐々木：中村さんから現在の夢についてのお話が出たので、❷ここでみなさんも、今現在の夢についてお聞かせ願えますか？

田中：❷大学を卒業することです。実は単位が少し足りていなくて（笑）。

飯田：緑の多い街づくりをして、居心地のいい空間を提供したいと思っています。

佐々木：僕は、独立して会社を興したいです。

平木：1千万円貯金することが目標です。

飯田：どうしてですか？

❶ダラダラと話さず
"軸"をしっかり持つ
全体の話の流れに、少し問題があります。ただ小さいころの夢についてダラダラと話しているだけで、何を目指しているのかが全く分かりません。こういう場合は、司会進行役や書記役が流れを読んで、"軸"を定めることが必要です。
ひと口に「夢」といっても、いろいろな"軸"があります。「今、ここでは何の"軸"について話しているのか」ということを気にかけましょう。

❷話を方向転換させる
きっかけを見逃さないように
中村さんの意見によって、話の内容が変わり、司会進行役の佐々木くんが、うまく展開していきました。とりとめのない話が続いてしまっているときは、誰かの意見を突破口にして、話を別の方向へ転換させるのもうまいやり方です。

❷ネガティブな印象を与える
キャラクターは出さない
場を和ませるムードメーカー・田中くんの、キャラクターが分かりやすい発言をするのはとても大切なことですが、ネガティブな発言は控えた方がいいかもしれません。もう少し違った内容で、自分の特性をアピールできるといいでしょう。

平木：今、大学の傍ら、飲食店でアルバイトをして、自分で生活費を稼いでいるんです。お金を稼ぐことはすごく大変だし、生きていくためにお金は必要なんだと、強く感じています。将来のためにも、ぜひ貯金したいと思います。

中村：私は先ほどもいった通り、5年後には責任ある仕事を任されるようになりたいです。

佐々木：皆さんに、現在の夢についてお話しいただきました。では、その夢を実現させるためには、どのように考えて、どのように行動すればいいと思いますか？

田中：今のままでは卒業できません（笑）。まずは単位を取ることを頑張ります。

中村：❸入社5年目で責任のある仕事を任されるためには、日々、責任のある行動を取っていかなければならないと思っています。無責任なことをしていたら、まわりからも信頼されず、大きな仕事も任されないと思っています。

佐々木：まずは信頼を勝ち取ることが大切だということですね。

中村：そう思います。

飯田：将来、多くの人に住みやすい街づくりを行うためには、緑をキーワードに再開発などが行われ

❸具体的な方法を話すことで個性を表現できる

このように、夢を実現させるための方法を聞かれた場合、できるだけ具体的に、「どうしてそう考えるのか」という理由も一緒に話せるといいでしょう。その点、中村さんはしっかりと自分で考え、その考えをまとめて発言できています。田中くん、平木さんも、さらに具体的に、夢をかなえるための方法を話せるといいでしょう。

ている地域に行って、私自身がまず学ぶことが必要だと思っています。

佐々木：僕の場合は、まずは希望の会社に入って、社内でキャリアアップを目指します。十分に力をつけて、まずは会社に貢献することが目標です。❹それから、より自分のやりたい仕事をするために、起業したいと考えています。平木さんは？

平木：貯金が目標なので、できるだけ節約生活をして、いただいたお給料をできるだけ貯金に回したいと思います。

田中：節約生活とは？

平木：今も実践しているのですが、毎日自炊をして、学校にはお弁当を持って行っています。学校やアルバイトには自転車で通って、交通費もなるべく安くしています。電気や水道も無駄遣いしないように心がけていますね。

佐々木：皆さんの夢を実現させるためには、いろいろなことが必要だと分かりました。

飯田：❸ディスカッションの時間は、あと10分になります。

佐々木：では、お話しいただいた夢をかなえるために行なうべきことを、日々の生活の中でどのよう

❹理論立てて話すと、ディスカッションが活性化する

グループディスカッションでは、自分の意見を率直に述べることが大切ですが、その際、できるだけ理論立てて話して、ほかの参加メンバーに理解してもらうことも必要です。あなたが分かりやすく話すことができれば、ほかのメンバーも話を広げやすくなり、意見を言いやすくなります。面接担当者からも好印象です。

❸全体の流れを把握して的確な指示を

タイムキーパーの役割として大切なことは、ただ時間を見て「残り○分です！」と言うだけでなく、時間を把握したうえで、このディスカッションをどういった流れに持っていけばいいかを示すことです。飯田さんも、残り時間を伝えて、みんなに認識させるだけでなく「残り10分なので、そろそろまとめに入った方がいいと思います」というようなひと言を加えるといいですね。

に実践していこうと思いますか？

田中：早く内定をもらって、学業に専念します！

中村：友人間でもアルバイト先でも、どんなところでも、いい加減な無責任な行動を取らず、誠実な行動を心がけたいと思います。

佐々木：僕は、日々学ぶことや挑戦することを恐れないと同時に、人とのコミュニケーションもしっかり取っていきたいと思っています。人と接することで、1人で学ぶこと以上に、吸収できることがあると思うからです。

中村：❺それが、起業にも影響してくるということですか？

佐々木：そうです。吸収できることが多いのと同時に、人脈をつくることが起業するためには大事であると考えています。

平木：私は、お金はもちろん、時間の使い方も無駄のないようにしたいと思います。時間に無駄があると、結果的にいろいろなことの無駄につながり、もったいないと感じるからです。

飯田：残り時間は5分になります。

佐々木：それでは、まとめに入りたいと思います。それぞれ、簡単に「夢」について話し合った感想を伺えますか？

❺ディスカッションを
　発展させるひと言を！
　中村さんが、佐々木くんのやや抽象的なまとめを具体的な話に押し進めてくれています。こういった発言が、ディスカッションを発展させていきます。

**才木先生's
コメント**

自分の意見を述べる際、結論だけでなく、自分の体験や経験、そこから感じたことなどを交えながら伝えると、より自分を相手に理解してもらうことができます。

平木：「夢」とひと口にいっても、人によってさまざまな夢があるということが分かりました。

飯田：私もそう思います。目先の目標を「夢」と考えている人もいれば、5年後、10年後の自分をイメージしての「夢」について話す人もいる。その点が非常に興味深かったです。

田中：❹僕は何だか自分が恥ずかしくなりました。みんなちゃんと考えていてすごいなぁ……。

中村：人の「夢」はいろいろですからね。私は、「夢」をかなえるための方法にも、本当にいろいろあるのだなと思いました。気持ちや心構えだったり、実際の行動だったり。夢へのアプローチの方法もたくさんあるんですね。

佐々木：確かにそうですね。でも、そのどれが正解でもないですよね。皆さんのお話をまとめると、それぞれに夢や夢へのアプローチ方法は違いますが、普段から意識して、その夢に向かって行動することが大切だということが分かったかと思います。❻ほかに意見はありますか？

全員：大丈夫です。ありません。

佐々木：では、これでディスカッションを終わります。

❹ただの感想ではなく
自分がどうすべきか
田中くんのように、幼稚な感想をただ露呈するのはマイナス評価につながってしまいます。ディスカッションの最中に建設的な意見を述べられなかったのは仕方がありませんが、皆の話を聞いて「すごいなぁ」ではなく、せめて「自分もこうしようと思った」など、前向きな意見を述べましょう。

❻司会進行役は常に
周囲の人を意識するように
最後のまとめをしたあとに、一度全員に確認を取るのは大切なことです。司会進行役は、どうしても1人よがりになってしまうところがあり、みんなで話し合ったことをほとんど生かさず、最終的に自分の意見を尊重してしまうことがあります。そうなってしまっては、せっかくディスカッションをした意味がありません。最後の意思確認をしっかり行なってください。

才木先生アドバイス

飯田南

タイムキーパー役。まだまだ不十分ですが、役割をしっかりこなそうとしている姿勢は伝わりました。

田中裕太

少し頼りない印象。キャラクターを伝えることは大事ですが、話の内容や発言を工夫する必要があります。

佐々木ツヨシ

司会進行役としてそつなく話を展開。「周囲を引っ張っていける人間」だと十分に自分をアピールできました。

中村エリ

書記をしつつも意見をしっかり発言。勤勉でまじめさが伝わります。記録より発言役に徹した方がよさそうです。

平木裕美

節約以外のキャラクターがほとんど伝わってきません。自分の特性を出せるような役回り、発言をしましょう。

才木先生総括　自分の良さを表現できる発言をしよう

　最初は話の流れが見えませんでしたが、司会進行役の佐々木くんを中心に、途中からうまく話を展開できました。

　グループディスカッション全体に言えることですが、特に自由討論方式では、どんなテーマでも、必ず自分の考えや価値観を話しましょう。ほかのメンバーの意見が立派だからといって、気後れする必要はありません。

　重要なのは、自己分析で見つけ出した自分の長所に沿った発言をしたり、役割を担ったりすること。グループディスカッションも、「自分は○○な人間である」ということを伝える場です。

「なぜそう思うのか」、理由を具体的に述べよう

2つ目のグループディスカッションは、「インバスケット方式」。同じメンバーがディスカッションをします（※メンバーはP.198参照）。

2 インバスケット方式

順位付けを行う話し合いをします。入社したことを想定して、業界特有のテーマが出題されることもあります。

・なぜそう思うのかを、理由とともに話す
・他人の意見に反論してもOK
・多数決で結論を決めない

皆さんは当社のA店の店長です。出社したら次のようなメモが。どの順で処理すべき？

1.アルバイトAさん「本日体調不良」、2.お客様から「食品にゴミが混在とのクレーム」、3.常務が視察にくる、4.保健所「検査に来る」、5.人事部「出張報告書提出すること」

テーマのとらえ方：社長になったつもりで考える。

＜ディスカッション＞

佐々木：今回も僕が司会進行役を務めさせていただきたいのですが、いかがでしょうか？

平木：お願いします。では、今回

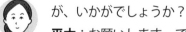

は、私に書記をやらせていただけ
ませんか？

佐々木：お願いします。タイムキ
ーパーは引き続き、飯田さんにお
願いします。

飯田：分かりました。

佐々木：それではまず、各自で3
分ほど考えてください。（3分後）
では、それぞれ意見をお願いしま
す。

中村：保健所が検査に来るという
ことなので、それに対応するため
の準備をすることが必要だと思い
ます。

飯田：保健所の検査を通過しなけ
れば、そもそも営業できないと考
えられるので、まずはそのための
準備をすることが必要だと、私も
思います。

平木：私も二人と同じ意見です。
営業停止になっては大変なことな
ので、まずは準備することだと思
います。

田中：保健所の検査も重要ですが、
アルバイトが休んではお店の運営
が大変ではないでしょうか。

佐々木：確かにそうですね。保健
所の検査の準備を行う前に、まず
は、他のアルバイトに連絡するこ
とが必要ではないですか。私もア

ルバイト先で急に休む人が出た時に、代わりの人を見つけるのに時間がかかってしまったという経験があります。

平木：このまま意見を出し合っても皆の意見が合わず展開していかない可能性があるので、このテーマを考える際にまず何が重要なのか、ここで考えませんか。

佐々木：そうですね。思いつくまま話しても、まとまりませんね。

田中：店舗運営のためには、まず売り上げが必要となりますね。

飯田：そうですね。店長という立場で考えた場合、店舗での売り上げをあげるにはお客様が最も重要だと思います。

中村：お客様に来店していただいてこそ、売り上げがあがるので、大切にしなければなりませんね。

平木：そうだと思います。

佐々木：売上をあげるためにお客様が重要になるという話が出ましたが、皆さん、それで間違いないでしょうか。

田中：そうだとすれば、何よりもまず、お客様からのクレームに対応するべきだと思いますが、いかがでしょうか。

中村：私もまずは優先してクレーム対応を行うべきだと思います。

平木：私は以前コンビニエンスストアでアルバイトをしていたのですが、ある時お客様からクレームが入ったことがありました。❶その時、店長は何よりも先にクレーム対応を行っていました。私が理由を聞いてみると、お客様あっての当店だからとおっしゃっていました。その経験からも、私はやはり、クレーム対応が最優先だと思います。

佐々木：具体的な経験を話していただきありがとうございます。実際に店長をしている方のお話からも、まずは、お客様のクレームに対応し、それが済んでから、本社や担当部署への連絡などその他の対応を行うという流れで間違いないと思います。

中村：次に行うことは、保健所の検査を受けるための準備だと思います。営業ができないとお客様が来店することもできず、売り上げも上がらないので、営業を続けるために、保健所の検査をクリアする必要があります。皆さん、いかがでしょうか。

飯田：❷アルバイト先の飲食店で衛生管理はとても重要だと学びま

❶具体的な経験を話す

自分の経験を具体的に話すことで、周りを説得、納得させている点が評価できる。単に自分の意見を述べるのではなく、経験を通じて伝えることを心がけるといいでしょう。

❷理由や根拠を示す

店舗を運営するにあたって、何が重要なのかを理由も含めて伝えている点がいいでしょう。どのようなことも、理由や根拠も合わせて伝えることで、説得力が増します。

した。衛生管理ができていないと、営業ができないだけでなく、お客様にも迷惑がかかり、客足が遠のいてしまうことにもなりかねません。アルバイト先では特に衛生管理に気を付けていました。

佐々木：いろいろな意見を出していただきましたが、2番目までは決めることができました。では次のすべきこと、3番目に行うべきことは何だと思いますか。私は常務が視察に来るので、心の準備や店内の清掃などが必要だと思います。

中村：その意見が間違っているわけではないのですが、それでは、今までの視点と少しずれが生じませんか。

田中：確かに、視点がずれてしまう気がします。

佐々木：すみません、ちょっと理解ができていないのですが、❸今までの視点とずれるとは、どういうことでしょうか。

飯田：❹今までは自分が店長として店舗営業をする場合に、売上のために何が必要なのかを考えてきましたが、今のお話は売上とは別の視点ではないでしょうか。

佐々木：そうでしたね、ありがとうございます。店舗の営業と売上

❸理解できなかった点を確認する
ディスカッションの中で指摘された点が理解できなかった場合、そのまま進めるのではなく、一旦立ち止まってグループメンバーに確認することは必要です。わからないことをわからないまま進めてしまうと、途中で発言できなくなる可能性もあるので気を付けましょう。

❹前提がずれないように整理する
今までの視点とどう違っていたのかを明確に伝えることができています。今までの視点を確認することで、グループ全体が共通認識でディスカッションを進めることができます。

を考えるなら、人材確保が重要で
すから、休むアルバイトの代わり
の人が必要になりますね。

中村：以前、私のアルバイト先で
人の確保が困難で、見つけるまで
にかなりの時間を要したことがあ
りました。もしも、出勤してくれ
るアルバイトがスムーズに見つか
らなければ、他の社員にも連絡し
て代わりを探す必要が出てくるの
ではないでしょうか。

平木：3番目に行うことは、休む
アルバイトの代わりに出勤してく
れる人を探すことですね。営業を
するためには、人手の確保が必須
になるので、私も賛成します。何
か異論がある方がいればお願いし
ます。

佐々木：異論がある方はいないよ
うですので、次に進めたいと思い
ます。3番目に行うことまで決ま
りましたが、4番目に行うことは
なんでしょうか。意見を伺えれば
と思います。

中村：❺今までの視点で考えた場
合、次に行うことは、常務が視察
に来る準備ではないでしょうか。
一旦、店舗の営業や売上に必要な
ことが対応できたので、次に必要
になるのが日々の報告を行うだけ
ではなく、こちらの要望を伝えた

❺共通認識を持って
　議論を進める
どのような視点で考えるか、グ
ループで共通認識を持つこと
ができたので、ディスカッショ
ンがスムーズになります。グル
ープメンバーの視点がずれて
いたり、異なっている時には指
摘することを恐れずに。

211

り、改善点などを聞くことで、よりスムーズな店舗運営を考えることだと思います。

飯田：そうなると、最後が出張の報告書ですね。他の選択肢と違って、出張の報告書は店舗の運営や売上に関わるのではなく、社内の事です。そのため、事情を話して他に優先して行ってきた業務内容をお話すれば、理解してもらえるのではないでしょうか。もしかしたら、少しの遅れは認めていただけるかもしれません。

平木：色々な意見が出ましたが、このようなテーマは、何を視点に考えるかが重要なんだとわかりました。

飯田：最後まとめてください。

佐々木：❻店舗を持っている場合、売上が重要になります。売り上げを上げるためには、何が必要か、重要かを考え、優先順位を付けました。真っ先に対応するべきことは、間違いなく、お客様からのクレームです。お客様あっての店舗、売上であることは間違いないです。結論として2→4→1→3→5という優先順位となりました。以上でディスカッションを終わります。

❻**結論だけではなく、結論に至った過程が重要**
最後のまとめは、どのような視点で優先順位を決めたのかも合わせて伝えることが必要です。時間配分をしっかり行い、最終的に多数決で決めることのないようにしましょう。

　企業で働く場合、社内の問題よりも社外での問題を優先して対応するのが基本です。店舗での出来事なので、まずはお客様対応を優先します。お客様あっての店舗であることを忘れてはなりません。戦略立案に似ている点もあるので、企業研究、業界研究の必要性も感じることでしょう。

　インバスケット方式のディスカッションは正解がないテーマも多いですが、今回のように業界特有のテーマが出されることがあることも頭に入れておきましょう。

才木先生 総括　自分に合った役割を担当することで、無理なく個性をアピールできる

　全体を通して、皆さんが意見を述べ、話の展開もスムーズでよかったと思います。

　特に印象的だったのは、飯田さんと平木さんです。ご自身のアルバイトの経験を用いて、発言していたこと、周りを納得させていた点が高評価です。

　また、このディスカッションでは、お客様の立場に立っての発言ではなく、社員側に立っての意見であることも、評価ポイントのひとつです。

模擬面接【GD】 周辺知識がなくても アイデアを口にしよう

　３つ目のグループディスカッションは、「ケーススタディー方式」。これまでと同じメンバーでディスカッションをします（※メンバーは P.198 参照）

3 ケーススタディー方式

　ある状況やルールが設定されていて、その中でベストな方策をディスカッションを通して導き出します。その業界のビジネスシミュレーション的なテーマが多いのが特徴です。知識をつけておいた方が対処しやすくなります。

攻略ポイント
・業界・企業研究をできる限り進め、周辺知識を身に付ける
・ニュースなどで注目の話題に触れ、自分なりの意見を持っておく
・分からないながらも、自分なりの意見を出す

テーマ

販売価格1000円で ヒットする商品を考える

テーマのとらえ方： 新鮮な商品アイデアを導き出したいところ。有無を判断できるだけの商品知識と発想力が求められます。

＜ディスカッション＞

佐々木：今回もぜひ司会を担当させてください。

中村：お願いします。書記は、平木さんにお願いしたいと思うので

すが、いかがですか？

平木：ぜひ、やらせてください。

飯田：私もタイムキーパーをやらせていただけますか？

田中：賛成です！

佐々木：では、このような役割分担で進めましょう。まず、自分の考えをまとめていただくために、時間を3分取ります。

中村：❶1000円のヒット商品といっても、なかなか難しいですね。もう少し、条件のようなものを決めた方が進めやすいのではないでしょうか？

佐々木：具体的にはどういうことですか？

中村：例えば、どのようなジャンルの商品を考えるのか、どの年齢をターゲットにするのかといった条件です。

平木：それに加えて、どこで販売するかによっても変わってくると思います。

佐々木：そうですね。では、どこで販売する商品がいいと思いますか？ 例えば、スーパーとか百貨店とか……。

田中：コンビニエンスストアで販売するというのはどうですか？僕たちにとって身近で、考えやすいですよね！

❶行き詰まったら早めに次の展開へ

少し考えてみて、このままでは意見が出しづらいからと、早めに次の展開について意見できたことは素晴らしいです。ディスカッションでは、このようにテーマをどんどん絞って話し合っていくことも、必要になってくるのです。

才木先生's コメント

「どのような商品にするか」に正解があるわけではないので、それぞれが自分の意見をどんどん出していかなくてはなりません。出た意見が多ければ多いほど、その後の話は進めやすくなります。

飯田：いいですね。❷私たちが1週間で何度も利用するコンビニであれば、イメージもしやすくなります。

佐々木：では、コンビニで売る商品にしましょう。ターゲットはどうしましょう？

平木：同じ目線ということで考えると、学生がいいのでは？

飯田：でも、学生だと広過ぎてしまうと思うのですが、どうでしょうか？

中村：では、コンビニを利用する、ビジネスマンを対象に商品を考えてはどうですか？ ビジネスマンであれば、利用時間帯や、求めるニーズがある程度限られると思います。

平木：いいと思います。

佐々木：それでは、コンビニで販売する1000円の商品を考えていきましょう。ターゲットはビジネスマンです。どんな商品だと思いますか？ 皆さんの意見を聞かせてください。

中村：今は価格の低いお弁当が売れています。それは低価格だからこそ、売れていると思います。もうお弁当は中途半端な価格だと売れないと思うので、1000円のお弁当を販売するというのはどうでしょ

❷背伸びせずに、自分らしい意見を言えばOK

佐々木くんの提案に、田中くんが等身大の意見を述べられました。グループディスカッションだからといって、格好いいことを言わなくてはいけない、などと気負って難しく考えるのではなく、自分が今考えられる範囲で、精一杯意見を述べればいいのです。自分らしい等身大の意見が、話を大きく展開させることもあります。コンビニであれば、皆が利用したことがあるはず。自分の経験を交えながら話すことで、さらに皆がイメージしやすくなり、ディスカッションも進みます。

才木先生's コメント

ビジネスマン、つまり社会人です。社会人と学生の違いについても、一度理解しておきましょう。言葉で確認し、書き出してみることが大切です。この種のディスカッションに生きてきます。

うか。素材にも調理方法にも徹底的にこだわって、コンビニ弁当とは思えないものを販売するとか。

飯田：高級弁当……。個人的には興味があります。❸しかし、コンビニを利用する多くの人は、気軽に、リーズナブルな品を求めてくるのではないでしょうか？ 高級なお弁当は思うように売れないのではないかと思います。

平木：たしかに。私がコンビニを利用するのは、気軽にリーズナブルなものを買えるからです。高価な品を買うならほかの店に行きます。

田中：シャツはどうでしょうか。1000円のシャツはかなりお得感があります。実は、就活中に着ているシャツをクリーニングに出したけど、まだ戻ってきていない。それなのに、着ているシャツを汚してしまったことがあって。❹コンビニでシャツが買えたら便利だなと思ったので、就活生以上に忙しいビジネスマンも助かるのではないかと思ったんです。

飯田：いいですね！ デパートや専門店に行かなくても気軽に買えるシャツは、ビジネスマンの需要に合っていると思います。

佐々木：宝くじはどうでしょうか？ 気軽に利用できるコンビニ

❸**設定をうまく生かした切り返し**

コンビニに設定したことで、コンビニの特徴をよくとらえた反論です。単なる否定になっていないところにも好感が持てます。このディスカッションは「コンビニで」「ビジネスマンに」売る商品を考えることが目的。この2大柱は外さないようにしましょう。

❹**自分の体験からアイデアを導き出す**

いいアイデアです。実体験が伴っているので、説得力があります。自分の経験の中に発想のヒントはあるものです。

で夢を売る。特定された場所での販売でしたが、もっと気軽に購入できるのであれば、購入者も増えるのでは？

平木：宝くじは価格が1000円ではないですよね。

中村：たしかに。そうなると、❶「1000円商品」ということではないので、条件に合わないですね。

佐々木：いろいろと意見が出ましたが、この中でいいと思ったものはありますか？

飯田：私はやはり、1000円シャツがいいと思います。

平木：私も賛成です。

中村：1000円シャツは私もとてもいいと思います。でも、❺せっかくコンビニで販売するのですから、何かコンビニならではのサービスができると、さらにいいのではないでしょうか？

佐々木：たしかにそうですね。皆さんはどう思いますか？

飯田：❻まだディスカッションの時間もあるので、プラスアルファのサービスについても考えてみてはいかがですか？

佐々木：では、ほかにサービスなどはあるでしょうか？

田中：せっかくなら、たくさんの種類のシャツの中から選んで購入

❶**全員からまんべんなく
意見を聞き出そう**
基本的には、この流れに問題はありません。皆さんが自分なりに、独創性を持ってアイデアを出せています。このように、どんなテーマであっても臆せず、自分の考えをしっかり持って、話すことが大切です。ただし、この場合、司会進行役の佐々木くんが全員に話を振って、さらに多くのアイデアを引き出せるとよかったですね。

❺**出たアイデアをさらに
みんなで話し合う**
「1000円シャツ」だけでも十分に素晴らしいアイデアですが、さらに目的に合った、良い商品にならないかどうかと疑問を投げかける姿勢はとてもいいです。この一言で、ディスカッションがさらに深みのあるものとなりました。

❻**時間と一緒に
話の流れの確認を**
タイムキーパーで、時間を逐一確認している飯田さんだからこそ、できる提案です。ただ単に残り時間を確認するだけでなく、自分の役割を理解して、ディスカッションの進行にひと役買っているのは、とてもいいことです。

したいですよね。

平木：でも、コンビニの店頭に置くならば、スペースは限られてしまいますよね。

中村：コンビニに端末を置いておいて、コンビニからしかアクセスできないネットショップの限定シャツが購入できるようにするというのはどうでしょう？

飯田：商品はどのように受け取るのですか？

佐々木：コンビニには毎日数回、いろいろな商品が配送されます。その配送を利用して店舗に届けるというのは？　つまり、配送の合理化です。

田中：いいですね！　コンビニは地域に密着しているのがいいところだと思うんです。❼店舗まで取りに来るのが難しいお客さまには、自転車などで配達してもいいのでは？

佐々木：いいですね。

飯田：残り時間は10分です。

佐々木：最後にこの商品をどのように告知するのかも話し合いませんか？　広くこの「1000円シャツ」を知ってもらうためには、どうすればいいと思いますか？

中村：提携したネットショップにも宣伝してもらうのはどうです

❼**チームワークの良さでより良いディスカッションに**
話がテンポよく展開していて、非常にいいと思います。参加している学生全員が意見を出し合い、お互いを補足し合って、いいチームワークが取れています。グループディスカッションでは、自分だけが目立とうとせずに、チームでいい回答を導き出そうという気持ちが大切。その思いがやりとりによく出ています。

か。双方にメリットがあるのでは
ないかと思います。

飯田：店頭での案内やチラシやポ
スターがいいと思います。まずコ
ンビニの顧客に知ってもらわない
と意味がないと思うので。

田中：僕もそう思います。コンビ
ニやファストフード店のサービス
って、意外と知らないところで始
まっていたりするんですよね。後
で知って「何で教えてくれなかっ
たんだろう！」って思うことも多
いから（笑）。まずは、コンビニ
でしっかり宣伝することが親切だ
と思います。

平木：たしかにそうですね。

飯田：そろそろ時間です。

佐々木：では、結論が出ました。
商品は、コンビニエンスストア
でビジネスマン向けに販売する
「1000円シャツ」。インターネッ
トを閲覧できる端末を店舗に置い
て、ネットショップの商品を購入
してもらい、送料を無料にします。
告知は、まずは店舗にチラシやポ
スターを用意します。❽これでよ
ろしいでしょうか？

全員：はい。

佐々木：これでディスカッション
を終わります。ありがとうござい
ました。

**才木先生's
コメント**

「このような方法でサービス
を知った！」「ここでサービス
を知った！」という経験があ
れば伝えてみましょう。皆で
宣伝方法を、さらに掘り下げ
て考えることのできるチャン
スです。

❽さらに議論を深めようとする
　姿勢は高評価
　時間のない中、要領よく議論
を進め、商品の内容だけでは
なく、宣伝方法まで考えていっ
たのは、素晴らしい姿勢です。

飯田南

発言回数の多さはGOOD。意見の評価だけでなく、アイデアを出す回数が増えるとさらにいいでしょう。

田中裕太

今回のキーマン。できる範囲で考えてアイデアを出したことで、議論が活性化！ 発言回数も多く好印象。

佐々木ツヨシ

今回も着実な進行。商品の内容だけでなく、貪欲に宣伝方法の話までもっていき、仕切る能力の高さを証明。

中村エリ

序盤に「ヒット商品の条件付け」を提案したのはファインプレー。これでディスカッションが進めやすくなりました。

平木裕美

書記ながら、影の司会役として、司会進行をサポート。

才木先生 総括　メンバー全員の力を合わせて より具体的なアイデアに

　参加学生全員が協力して、良い回答を導き出そうという姿勢があり、とてもいいディスカッションです。

　このように、皆がアイデアを出し合うディスカッションは面接担当者から評価されます。チームで知恵を絞りアイデアを生むことこそ、企業で求められることだからです。

　今回の殊勲賞は田中くん。等身大のアイデアが基となり、話がどんどん膨らみました。どんなテーマでも、自分の考えられる範囲でしっかり発言することで、このような突破口が開けるのです。

グループディスカッションSOS
こんなときどうする？

Q 自分がやろうと思っていた役割を、ほかの人が「やりたい」と言い出しました。「私がやる！」と主張すべきですか？

A グループディスカッションでは、役割分担をすることが大切だとお話ししました。普段の自分に合った役割をすることが望ましいのですが、ほかの人がそのポジションに就いてしまうこともあります。

その場合は快く譲り、その人が役割を果たしやすいよう、サポートをしましょう。例えば、自分は司会進行役がやりたかったならば、「陰の司会進行役」として、実際に仕切っている人をサポートします。話が堂々巡りになっていたら軌道修正をするように促したり、的を射た質問をすることなどで、その役割を果たせるわけです。陰ながら支えられれば、面接担当者はそこをしっかりチェックして、評価してくれます。

司会進行役だけでなく、書記やタイムキーパーにも同じことが言えます。

Q テーマの意味が分からない。どう切り抜ければいいでしょうか？

A グループディスカッションのテーマには、志望している業界の専門分野に関することや、ことわざを引き合いに出したものなど、特徴的な場合もあります。自分が知らない内容についてのテーマが出ることも少なくありません。

そんなとき、最もよくない対応は、知らないからといって黙り込んでしまうこと。傍観者になってしまうと、評価も低くなります。意味が分からなければ、まわりの話を聞いて内容を推測したり、ときには聞く勇気も必要です。

面接担当者に「こんなことも知らないのか」と思われることを恐れる人もいますが、何も分からずに傍観者になるよりも、恥を忍んで聞いてしまった方がディスカッションに参加できますし、面接担当者からの評価も上がります。

　この本では、新卒の就職活動における面接対策を解説してきました。企業研究をしっかりと行ない、自己分析を通して見いだした自分の "本当の良さ" を面接担当者にきちんと伝えることができれば、希望の企業の内定をつかむことも夢ではないということが、分かっていただけたのではないかと思います。

　本当の自分を理解するというのは、とても不安なことでもあります。自分がなぜ失敗したのか、自分がなぜ挫折したのか、そういったマイナスの結果を招いた原因が自分にあったと知ることにもつながるからです。

　けれど、考えてみてください。欠点がありながらそれを放置していたら、穴の開いたバケツに水を入れ続けているようなものだと思いませんか？　自分の経験から考えたことを分析し、その結果こういう人間になったのだ、というあなたのパーソナリティーを知ることは、就職活動だけでなく、今後の仕事人生にも役立つはずです。

　最後に私から皆さんに、もう1つアドバイスをさせてください。それは、常日頃から「なぜ」「どうして」という視点を持つことを心がけてほしいということです。

　面接担当者が知りたいのは「あなたがどんな人間か」です。あなたが毎日、何かをして、何かを感じ、何かを考えているのなら、そこには必ず理由があるはずです。その理由にこそ、あなたの個性、あなたの人間性が隠れています。常日頃から考えておけば、面接の際に突っ込んだ質問をされても、困ることはないはずです。根拠のあるエピソードは、必ずや面接担当者の印象に残ることでしょう。

　この本を手に取った皆さんが、納得のいく就職活動を進められますよう、心から願っております。

才木弓加

【著者紹介】才木 弓加 (さいき ゆか)

大学で非常勤講師を務めるかたわら、自ら就職塾「才木塾」を主宰し、直接学生への指導にあたる。長年のキャリアに基づいた独自の指導方法は、徹底した自己分析を行うのが特徴。最新の就活トレンドに適応したオンライン就活の指導も行っている。著書に『内定獲得のメソッド 面接担当者の質問の意図』、『内定獲得のメソッド 面接 自己PR 志望動機』(以上、マイナビ出版オフィシャル就活 BOOK シリーズ)『就活 自己分析の「正解」がわかる本』(実務教育出版)、『サプライズ内定 なぜ彼らは大手企業に内定できたのか!』(角川マガジンズ)などがある。YouTube のマイナビ就活チャンネルでも動画を配信している。

https://www.youtube.com/channel/UCINp43IZKmeCyDdwvgesJHg

構成	杉山直隆、竹内三保子、箱田髙樹(カデナクリエイト)
編集協力	佐藤友美(有限会社ヴュー企画)
カバーデザイン	掛川 竜
本文デザイン	髙橋秀哉、髙橋芳枝(髙橋デザイン事務所)
イラスト	中村知史

内定獲得のメソッド
面接 自己PR 志望動機

著者	才木弓加
発行者	角竹輝紀
発行所	株式会社マイナビ出版
	〒101-0003
	東京都千代田区一ツ橋 2-6-3 一ツ橋ビル 2F
	電話　0480-38-6872(注文専用ダイヤル)
	03-3556-2731(販売部)
	03-3556-2735(編集部)
	URL　https://book.mynavi.jp
印刷・製本	中央精版印刷株式会社

※定価はカバーに表示してあります。
※落丁本、乱丁本についてのお問い合わせは、TEL0480-38-6872(注文専用ダイヤル)、電子メール sas@mynavi.jp までお願いします。
※本書について質問等がございましたら、往復はがきまたは返信切手、返信用封筒を同封のうえ、㈱マイナビ出版編集第2部までお送りください。
　お電話でのご質問は受け付けておりません。
※本書を無断で複写・複製(コピー)することは著作権法上の例外を除いて禁じられています。
© YUKA SAIKI
© Mynavi Publishing Corporation
Printed in Japan